A1

Phrasebook

Englisch
für
Erwachsene

First Choice

Cornelsen

First Choice A1 Phrasebook

Redaktion	Kathrin Köller
Redaktionelle Mitarbeit	Christine House Sigrid Janssen Marita Lampe Fritz Preuß John Stevens
Layout	Oxford Designers & Illustrators
Technische Umsetzung	Sabine Theuring, Berlin
Karten	Carlos Borrell, Berlin
Umschlaggestaltung	Knut Waisznor
Umschlagfoto	ips, International Publishing Services für Cornelsen Verlag, © Cornelsen Verlag
Zum Lehrwerk gehören	**Kursbuch** mit **Phrasebook** und **Audio-CDs** (ISBN 978-3-464-01936-8) **Teaching Guide** (ISBN 978-3-464-01939-9) **Extra Language Trainer** mit **CD-ROM** (ISBN 978-3-464-01940-5) **Extra Language Trainer** (ISBN 978-3-464-01942-9) **Interactive Lesson Planner** (ISBN 978-3-464-01961-0)

www.cornelsen.de

1. Auflage, 5. Druck 2009 / 06

Alle Drucke dieser Auflage sind inhaltlich unverändert und können im Unterricht nebeneinander verwendet werden.

Druck: CS-Druck CornelsenStürtz, Berlin

ISBN 978-3-464-01956-6

Inhalt gedruckt auf säurefreiem Papier aus nachhaltiger Forstwirtschaft.

Im **First Choice A1 Phrasebook** können Sie die Wörter nachschlagen, die im Kursbuch vorkommen. Sie finden zu jedem Wort Hinweise zur Aussprache und die passende Übersetzung.

Das **First Choice A1 Phrasebook** ist aber nicht nur ein nützliches Nachschlagewerk – Sie können damit auch selbstständig und effektiv lernen:

- Beispielsätze zeigen Ihnen, wie man das Wort benutzt und geben Ihnen Aufschluss über die Satzstellung.
- Bei feststehenden Redewendungen haben wir die ganze Formulierung übersetzt, sodass Sie sofort den richtigen Ausdruck parat haben.
- Wörter aus einem Wortfeld können Sie in Gruppen lernen.
- Die blauen Aufkleber geben zusätzliche Informationen und bewahren Sie vor typischen Fehlern.

Sie finden jedes Wort an der Stelle, an der es zum ersten Mal vorkommt. Sollten Sie ein Wort nachschlagen wollen, von dem Sie nicht wissen, wo es zum ersten Mal verwendet wurde, schauen Sie einfach in das alphabetische Register.

Viel Spaß beim Lernen mit Ihrem *Phrasebook*!

Inhalt:

Verwendete Abkürzungen:

Abk.	Abkürzung	jdn	jemanden	
AE	American English	Pl.	Plural	
BE	British English	sb	somebody	jemand/em/en
jd	jemand	sth	something	etwas
jdm	jemandem			

Hinweise zur Aussprache:

ɑː	wie in **a**sk [ɑːsk]	ɔɪ	wie in b**oy** [bɔɪ]
ʌ	wie in b**u**s [bʌs]	ɪə	wie in h**ear** [hɪə]
æ	wie in c**a**n [kæn]	eə	wie in h**air** [heə]
e	wie in **e**ntertainment [ˌentə'teɪnmənt]	əʊ	wie in ph**o**ne [fəʊn]
iː	wie in h**e** [hiː]	ʊə	wie in s**ure** [ʃʊə]
i	wie in happ**y** ['hæpi]	ŋ	wie in darli**ng** ['dɑːlɪŋ]
ɪ	wie in s**i**t [sɪt]	s	wie in **s**orry ['sɒri]
ɜː	wie in b**i**rthday ['bɜːθdeɪ]	z	wie in **z**ero ['zɪərəʊ]
ɒ	wie in g**o**t [gɒt]	ʃ	wie in **sh**op [ʃɒp]
ɔː	wie in sh**or**ts [ʃɔːts]	tʃ	wie in **ch**icken ['tʃɪkɪn]
ʊ	wie in b**oo**k [bʊk]	dʒ	wie in **j**ob [dʒɒb]
uː	wie in f**oo**d [fuːd]	v	wie in **v**ideo ['vɪdiəʊ]
u	wie in sit**u**ation [ˌsɪtʃu'eɪʃn]	r	wie in **r**adio ['reɪdiəʊ]
ə	wie in fath**er** ['fɑːðə]	ʒ	wie in televi**s**ion ['telɪvɪʒn]
aɪ	wie in fl**i**ght [flaɪt]	θ	wie in **th**ree [θriː]
aʊ	wie in br**o**wse [braʊz]	ð	wie in **th**is [ðɪs]
eɪ	wie in d**a**te [deɪt]	w	wie in **w**onderful ['wʌndəfl]

First Choice

Unit word list

UNIT 1

Focus 1

first contact [ˌfɜːst 'kɒntækt]	erste Begegnung	
introduction [ˌɪntrə'dʌkʃn]	Vorstellung, Einführung	
(to) **look at** ['lʊk ət]	ansehen, betrachten	
photo ['fəʊtəʊ]	Foto	*Look at the photos.*
then [ðen]	dann	
hello [hə'ləʊ]	Hallo	
(to) **say hello to sb** [seɪ hə'ləʊ tə]	jdn.begrüßen	
other ['ʌðə]	andere/r/s	
student ['stjuːdnt]	Schüler/in, Student/in	
I'm (I am) [aɪm]	ich bin	*I'm John Smith.*
welcome (to) ['welkəm tə]	willkommen (bei)	*Welcome to First Choice.*
what [wɒt]	was	
your [jɔː]	Ihr/e, dein/e, euer/eure	
name [neɪm]	Name	*What's your name? – Claire.*
nice [naɪs]	nett, schön	*What a nice name!*
(to) **meet sb** [miːt]	jdn treffen, kennen lernen	
you [juː]	Sie, dich, euch	*Nice to meet you.*
my [maɪ]	mein/e	*My name is Anna.*
too [tuː]	auch	*Nice to meet you too.*
(to) **read** [riːd]	lesen	

> **!** *Students* gibt es nicht nur an der Universität. Wenn man z. B. an der VHS lernt, ist man auch *a student*.

(to) **ask** [ɑːsk]	fragen	*Ask and answer.*
(to) **answer** ['ɑːnsə]	antworten	
where [weə]	wo; woher	*Where are you from?*
are [ɑː]	bist, sind, seid	
from [frəm]	von, aus	*Are you from England?*
not [nɒt]	nicht	*I'm not from England, I'm from Scotland.*
(to) **be born** [bi 'bɔːn]	geboren werden/sein	*She was born in Munich.*
What's the English for …?-	Was heißt … auf Englisch?	

First contact

Nice to meet you.	Schön, Sie/dich/euch kennen zu lernen.
Nice to meet you too.	Ich freue mich auch, Sie/dich/euch kennen zu lernen.
What's your name?	Wie heißen Sie? / Wie heißt du?
My name's …	Ich heiße …
Where are you from?	Woher kommen Sie? / Woher kommst du?
I'm from …	Ich komme aus …
I was born in …	Ich bin in … geboren.

(to) **tell sb sth** [tel]	jdm etwas sagen/ erzählen	
class [klɑːs]	Klasse, Kurs	*Tell the class where you are from.*
about [ə'baʊt]	über	
group [gruːp]	Gruppe, Kurs	*Tell the group about the other students.*
this is … ['ðɪs ɪz]	das ist …	*This is Frank. – Nice to meet you, Frank.*
first choice [fɜːst 'tʃɔɪs]	erste Wahl	*You are my first choice.*
character ['kærəktə]	Figur, Person	*Meet the First Choice characters.*
(to) **complete** [kəm'pliːt]	vervollständigen	
he [hiː]	er	*He was born in Spain.*
journalist ['dʒɜːnəlɪst]	Journalist/in	*She's a journalist.*

travel magazine [ˌtrævl ˌmægə'ziːn]	Reisemagazin	*He's a journalist for a travel magazine.*
mother ['mʌðə]	Mutter	
Indian ['ɪndiən]	indisch; Inder/in	
her [hɜː]	ihr	*Tara is from England. Her mother's Indian.*
father ['fɑːðə]	Vater	*My father's name is Bruno.*
... is English [ɪz 'ɪŋglɪʃ]	... ist Engländer/in	*Her father is English.*
computer [kəm'pjuːtə]	Computer	
computer expert [kəm'pjuːtər 'ekspɜːt]	Computerexperte/ -expertin	*Tara's a computer expert.*
international [ˌɪntə'næʃnəl]	international	
hotel [həʊ'tel]	Hotel	*an international hotel*
job [dʒɒb]	Arbeit, Beruf	*What's her job?*
teacher ['tiːtʃə]	Lehrer/in	*Where is your English teacher from?*
she [ʃiː]	sie	*She's from Australia.*
owner ['əʊnə]	Besitzer/in, Eigentümer/in	
café ['kæfeɪ]	Café, Bistro	*She is the owner of the First Choice café.*
partner ['pɑːtnə]	Partner/in	*Steve is Tara's partner.*
first name ['fɜːst neɪm]	Vorname	*My first name is Antje.*
surname ['sɜːneɪm]	Nachname	*What's your surname?*
often ['ɒfn]	oft, häufig	*I often meet other students.*
(to) **be away** [ˌbi ə'weɪ]	weg, unterwegs sein	
away on business [ə'weɪ ˌɒn 'bɪznəs]	dienstlich unterwegs	*Tara is often away on business.*
today [tə'deɪ]	heute	*She is in Paris today*
(to) **have** [hæv]	haben	
meeting ['miːtɪŋ]	Treffen, Besprechung	

! *Have* taucht in vielen Wendungen auf, in denen es nicht immer mit "haben" übersetzt wird. Bitte die Wendungen als solche lernen.

(to) **have a meeting** [ˌhəv ə 'miːtɪŋ]	eine Besprechung haben	*Sarah has a meeting in London.*
flight [flaɪt]	Flug	*The flight is at 6.00.*
very ['veri]	sehr	
early ['ɜːli]	früh	*The flight is early.*
bye [baɪ]	Tschüss	
darling ['dɑːlɪŋ]	Liebling, Schatz	*Bye, darling.*
birthday ['bɜːθdeɪ]	Geburtstag	*My birthday is on 25 May.*
Happy birthday! [ˌhæpi 'bɜːθdeɪ]	Herzlichen Glückwunsch zum Geburtstag!	

flight ticket ['flaɪt tɪkɪt]	(Flug-)Ticket, Flugschein
(from) **London to Paris** [frəm ˌlʌndən tə 'pærɪs]	(von) London nach Paris
No., no. ['nʌmbə]	*Abk. von* number, Nr.
flight no. ['flaɪt nʌmbə]	Flugnr.
seat [siːt]	(Sitz-)Platz
departure [dɪ'pɑːtʃə]	Abflug, Abreise
return [rɪ'tɜːn]	Rückflug, -reise
dest.	*Abk. von* destination, Zielort
airline ['eəlaɪn]	Fluggesellschaft
time [taɪm]	Zeit

Focus 2

word [wɜːd]	Wort	*international words*
how [haʊ]	wie	*How are you?*
how many [ˌhaʊ 'meni]	wie viele	*How many students are in your group?*
can [kæn]	können; dürfen	*Can I ask you something?*
(to) **find** [faɪnd]	finden	*Can you find the English words?*
exercise ['eksəsaɪz]	Übung, Aufgabe	*Read exercise three.*
(to) **make** [meɪk]	machen, anfertigen	
(to) **list** [lɪst]	Liste	*Make a list.*

food [fu:d]	Essen, Nahrung(smittel)	
drink [drɪŋk]	Getränk	*Can I have a drink, please?*
snack [snæk]	Imbiss	
spaghetti [spə'geti]	Spaghetti	
sport *(BE)* [spɔ:t]	Sport	! sport (BE) sports (AE)
(to) **download** [ˌdaʊn'ləʊd]	herunterladen	
sound card ['saʊnd kɑ:d]	Soundkarte	
fashion ['fæʃn]	Mode	*Paris fashion*
travel ['trævl]	Reisen	
airport ['eəpɔ:t]	Flughafen	
entertainment [ˌentə'teɪnmənt]	Unterhaltung	
talk show *(AE)* ['tɔ:k ʃəʊ]	Talkshow	! talk show (AE) chat show (BE)
cartoon [kɑ:'tu:n]	Cartoon; Zeichentrickfilm	
odd one out [ɒd wʌn 'aʊt]	nicht dazugehörig	*"One" is the odd one out in: 1, 2, 4, 6, 8, 10.*
(to) **write** [raɪt]	schreiben	
three [θri:]	drei	
more [mɔ:]	weitere	*Write three more international words.*
item ['aɪtəm]	Ding, Gegenstand	
hamburger ['hæmbɜ:gə]	Hamburger	
sandwich ['sænwɪdʒ]	Sandwich, belegtes Brot	
pizza ['pi:tsə]	Pizza	
hockey ['hɒki]	Hockey	
volleyball ['vɒlibɔ:l]	Volleyball	
shorts [ʃɔ:ts]	kurze Hose, Shorts	! Shorts und jeans sind immer Plural im Englischen. Where are my jeans?

(to) **give** [gɪv]	geben	
another [ə'nʌðə]	ein/e andere/r/s, noch eine/r/s	*Give your list to another group.*
they [ðeɪ]	*3. Person Plural* sie	*They are from Hamburg.*
answer ['ɑːnsə]	Antwort, Lösung	*Can they find the answers?*

Focus 3

wrong [rɒŋ]	falsch	
number ['nʌmbə]	(Telefon-)Nummer	*Can you give me your number?*
wrong number [rɒŋ 'nʌmbə]	falsch verbunden	*Sorry, wrong number.*
(to) **guess** [ges]	raten	*What's your name? – Guess! – Robert, …*
dialogue ['daɪəlɒg]	Dialog	*Listen to the dialogue.*
it's me [ɪts 'miː]	ich bin's	*Hello, it's me!*
at the airport [ət ði 'eəpɒːt]	am Flughafen	*Tara's at the airport.*
mum [mʌm]	Mama, Mutter	*Hello Mum, it's me.*
(to) **hear** [hɪə]	hören	*Nice to hear from you.*
again [ə'gen]	wieder; noch einmal	*Nice to see you again.*
Nice to hear from you (again).	Schön, (mal wieder) von Ihnen/dir zu hören.	
(to) **listen** [lɪsn]	zuhören, anhören	*listen to a CD*
(to) **check** [tʃek]	(über)prüfen, kontrollieren	
Pardon? ['pɑːdn]	Wie bitte?	
You must have the wrong number.	Sie müssen sich verwählt haben.	*Oh sorry, I must have the wrong number!*
Sorry! ['sɒri]	Tut mir leid!, Entschuldigung!	
no problem [nəʊ 'prɒbləm]	kein Problem	
(to) **fill in** [ˌfɪl 'ɪn]	ausfüllen, eintragen	
gap [gæp]	Lücke	*There's a gap here.*

TRANSCRIPT

Story

story ['stɒri]	Geschichte	
Damn! [dæm]	Verdammt!	
(to) **miss** [mɪs]	verpassen	
his [hɪz]	sein	
bus [bʌs]	(Linien-)Bus	*The bus from London to Oxford.*
because of [bɪ'kɒz əv]	wegen, aufgrund von	
phone call ['fəʊn kɔːl]	Anruf, Telefongespräch	*Ben misses his bus because of the phone call.*
now [naʊ]	nun, jetzt	
late [leɪt]	spät	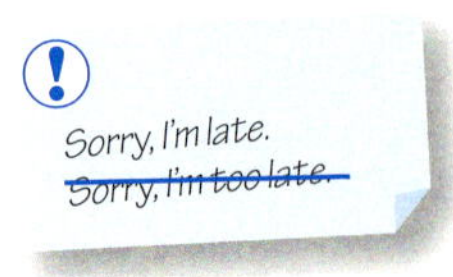
(to) **be late** [bi 'leɪt]	(zu) spät kommen	
(to) **fly** [flaɪ]	fliegen	*Tara flies to Paris.*
(to) **phone** [fəʊn]	anrufen, telefonieren	*Tara phones Steve.*
(to) **take a taxi** [teɪk ə 'tæksi]	ein Taxi nehmen	*She takes a taxi to her hotel.*
company ['kʌmpəni]	Unternehmen, Firma	*The company is in Rome.*

Magazine

doctor ['dɒktə]	Arzt/Ärztin, Doktor	
reporter [rɪ'pɔːtə]	Reporter/in	*I'm a TV reporter.*
it [ɪt]	es	
footballer ['fʊtbɔːlə]	Fußballspieler/in	*She's a footballer.*
restaurant ['restrɒnt]	Restaurant	
book [bʊk]	Buch	*a good book*
greetings ['griːtɪŋz]	Grüße	
(to) **match** [mætʃ]	zuordnen	*Match the photos.*

picture ['pɪktʃə]	Bild	*What's in the picture?*
our [aʊə]	unser	*She's from our Munich office.*
office ['ɒfɪs]	Büro	*I'm from the London office.*
here [hɪə]	hier	
It's nice to be here.	Es ist schön, hier zu sein.	
great [ɡreɪt]	groß(artig), toll	*The food is great.*
delicious [dɪ'lɪʃəs]	köstlich	*This is delicious.*
by the way [baɪ ðə 'weɪ]	übrigens, nebenbei	*I'm Tara, by the way.*
(to) **do** [duː]	tun, machen	*What do you do?*
How do you do?	Angenehm, Sie kennen zu lernen. Guten Tag/Abend.	*How do you do? – How do you do?*
in English [ɪn 'ɪŋɡlɪʃ]	auf Englisch	
bit [bɪt]	Teil	
at the end [ət ði 'end]	am Schluss	*the bit at the end*
business ['bɪznəs]	Geschäft, Firma	
video rental ['vɪdiəʊ ˌrentl]	Videoverleih	
car dealer ['kɑ ˌdiːlə]	Autohändler/in	
shoe shop ['ʃuː ʃɒp]	Schuhgeschäft	
phrase [freɪz]	(Rede-)Wendung	*Write three English phrases.*
week [wiːk]	Woche	

Have a nice evening! – Einen schönen Abend!

Thanks. You too. – Danke, Ihnen/dir auch.

UNIT 2

Focus 1

phone (number) ['fəʊn ˌnʌmbə]	Telefon(nummer)	*What's your phone number?*
email (address) ['iːmeɪl ə'dres]	E-Mail(-Adresse)	*What's your email address?*
company ['kʌmpəni]	Unternehmen, Firma	
(to) **put sth in the right order**	etwas in die richtige Reihenfolge bringen	
me [miː]	mich	*Can you write it for me?*
please [pliːz]	bitte	*Can you write your name, please?*
(to) **see** [siː]	sehen	
some [sʌm]	*wird oft nicht übersetzt* einige; etwas	*There are some interesting things to see.*
sure [ʃʊə]	sicher(lich), gern	*Can I have your email address? – Yes, sure.*
yes [jes]	ja	
right [raɪt]	richtig	*Yes, that's right.*
page [peɪdʒ]	Seite	*Please look at page 17.*
mobile number ['məʊbaɪl ˌnʌmbə]	Handy-Nummer	*What's your mobile number?*
game [geɪm]	Spiel	
(to) **test** [test]	prüfen, testen	*In this game you test your teacher.*
(to) **think** [θɪŋk]	glauben, denken, meinen	*I think that's right.*
(to) **be** [biː]	sein	*To be or not to be …*
positive ['pɒzətɪv]	bejahend, positiv	*Give me a positive answer, please.*
negative ['negətɪv]	verneinend, negativ	
question ['kwestʃən]	Frage	*Can I ask you a question?*
(to) **repeat** [rɪ'piːt]	wiederholen, nachsprechen	*Can you repeat that, please?*
thank you ['θæŋk ju]	danke	

Focus 2

cellphone *(AE)* ['selfəʊn]	Handy	
mobile (phone) *(BE)* [ˌməʊbaɪl 'fəʊn]	Handy	
What's your phone number?	Wie ist Ihre/deine Telefonnummer?	
Sorry, what was that again?	Entschuldigung, können Sie das bitte wiederholen?	
Sorry, I don't have a mobile.	Ich habe leider kein Handy.	
(to) **decide** [dɪ'saɪd]	(sich) entscheiden	
number ['nʌmbə]	Nummer, Zahl	
or [ɔː]	oder	*You decide. Is it A or B?*

one [wʌn]	eins	**six** [sɪks]	sechs
two [tuː]	zwei	**seven** ['sevn]	sieben
three [θriː]	drei	**eight** [eɪt]	acht
four [fɔː]	vier	**nine** [naɪn]	neun
five [faɪv]	fünf	**double …** ['dʌbl]	doppelt, zweimal; Doppel-

Focus 3

spelling ['spelɪŋ]	Buchstabieren; Rechtschreibung	
(to) **send** [send]	senden, schicken	
text (message) ['tekst ˌmesɪdʒl̩]	SMS	*Please send me a text.*
message ['mesɪdʒ]	Nachricht	*a message from your mother*
late [leɪt]	(zu) spät	*You are late again!*
Don't be late!	Verspäten Sie sich nicht./ Komm nicht zu spät.	
How are you?	Wie geht es Ihnen/dir?	
See you!	Bis bald!	
weekend [ˌwiːk'end]	Wochenende	

at the weekend [ət ðə ˌwiːk'end]	am Wochenende	*See you at the weekend.*
work [wɜːk]	Arbeit	*I love my work.*
(to) **be at work** [ət 'wɜːk]	auf/bei der Arbeit sein	*Are you at work?*
(to) **love** [lʌv]	sehr gern mögen, lieben	*I love you.*
tea [tiː]	Tee	*I drink tea at work.*
later ['leɪtə]	später	*Can I see you later?*
Where are you?	Wo sind Sie?/Wo bist du?	
which [wɪtʃ]	welche/r/s	
button ['bʌtn]	Taste, Knopf	*a button on a mobile phone*
(to) **circle** ['sɜːkl]	einkreisen	*Circle the right answer.*
letter ['letə]	Buchstabe	*How many letters are in the word letter? – 6.*
conversation [ˌkɒnvə'seɪʃn]	Gespräch, Unterhaltung	
double room [ˌdʌbl 'ruːm]	Doppelzimmer	*Can I have a double room, please?*
single room [ˌsɪŋgl 'ruːm]	Einzelzimmer	
(to) **spell** [spel]	buchstabieren; richtig schreiben	*Can you spell your surname, please? – It's H-E-I-N.*
(to) **practise** ['præktɪs]	üben	*You practise your English in class.*
different ['dɪfrənt]	verschieden, unterschiedlich	*Practise the dialogue with different names, please.*
What's the name, please?	Wie heißen Sie, bitte?	

T

In class

Can you repeat that, please?	Können Sie / Kannst du das bitte wiederholen?
Can you spell that?	Können Sie / Kannst du das buchstabieren?
OK, I've got that.	Gut, das habe ich (notiert).

guest [gest]	Gast	**fax** [fæks]	Fax
information [ˌɪnfə'meɪʃn]	Information(en)	**passport** ['pɑːspɔːt]	(Reise-)Pass

passport number ['pɑːspɔːt ˌnʌmbə]	Passnummer	**payment** ['peɪmənt]	Zahlung
date of birth [ˌdeɪt əv 'bɜːθ]	Geburtsdatum	**credit card** ['kredɪt ˌkɑːd]	Kreditkarte
reservation [ˌrezə'veɪʃn]	Reservierung	**exp.** [ɪk'spaɪə]	*Abk. von* expire, ablaufen
check-in date [tʃek'ɪn deɪt]	Ankunftsdatum	**security code** [sɪk'jʊərəti kəʊd]	Sicherheitscode
check-out date	Abreisedatum		

Focus 4

(to) **want** [wɒnt]	wollen	*Tara wants a bottle of champagne.*
before [bɪ'fɔː]	bevor	
(to) **leave** [liːv]	weggehen, -fahren	*Give me your phone number before you leave.*
(to) **go** [gəʊ]	gehen, fahren	
wine [waɪn]	Wein	
wine shop ['waɪn ʃɒp]	Weinhandlung	*Before she leaves, Tara goes to a wine shop.*
Excuse me. [ɪk'skjuːz miː]	Entschuldigung.	*Excuse me, is this wine German?*
(to) **speak** [spiːk]	sprechen	*Do you speak English?*
(to) **help** [help]	helfen	*Can I help you?*
bottle ['bɒtl]	Flasche	*I want a bottle of champagne, please.*
good [gʊd]	gut	*Mmh, the wine is good.*
champagne [ʃæm'peɪn]	Champagner	
present ['preznt]	Geschenk	*Here's a present for you.*
someone special	jd, der einem viel bedeutet	
(to) **export** [ɪk'spɔːt]	ausführen, exportieren	*We export wine.*
direct [daɪ'rekt]	direkt	
there [ðeə]	da, dort; dorthin	
bag [bæg]	(Reise-)Tasche; Tüte	*The address is there on the bag.*

TRANSCRIPT

these [ðiːz]	*Pl. von* this, diese	*How do you say these email addresses?*

www [ˌdʌbljuː dʌbljuː 'dʌbljuː]	World Wide Web	**_ = underscore** ['ʌndəˌskɔː]	Unterstrich
@ = at [æt]	bei, at	**uk = United Kingdom** [juː 'keɪ]	Vereinigtes Königreich
mail [meɪl]	*Abk. von* email, Mail	**/ = slash** [slæʃ]	*Symbol für* slash, Schrägstrich, Slash
. = dot [dɒt]	Punkt, dot		
- = hyphen ['haɪfn]	minus	**in one word** [ɪn ˌwʌn 'wɜːd]	zusammengeschrieben
com [kɒm]	*Abk. von* company, *E-Mail-Adresse eines Unternehmens*		

if [ɪf]	wenn, falls	*Give me your email address – if you have one.*
(to) **walk** [wɔːk]	(zu Fuß) gehen, spazieren gehen	*I walk in the park at the weekend.*
(to) **walk round the class**	in der Klasse umhergehen	
What's your email address?	Wie ist Ihre/deine E-Mail-Adresse?	
I don't have one.	Ich habe keine.	
only ['əʊnli]	nur	*I only have an email address at work.*
yuppie ['jʌpi]	*Abk. von* young urban professional, Yuppie	

Story

(to) **arrive** [ə'raɪv]	ankommen, eintreffen	
home [həʊm]	zu Hause	
can't [kɑːnt]	*verneinte Form von* can, nicht können	
(to) **celebrate** ['selɪbreɪt]	feiern	
together [tə'geðə]	zusammen	*Tara and Steve can't celebrate his birthday together.*
evening ['iːvnɪŋ]	Abend	*See you in the evening.*
band [bænd]	Band	*Tara is in a band.*

!
be at home = zu Hause sein
go home = nach Hause gehen

day [deɪ]	Tag	
when [wen]	wenn; als; wann	
its [ɪts]	sein/e, ihr/e	
practice session ['præktɪs seʃn]	Übungsstunde	*It's my practice session today.*
because [bɪ'kɒz]	weil	*They can't meet because Tara's away on business.*
gig [gɪg]	*bei Unterhaltungsmusik:* Konzert, Auftritt	

Magazine

T

capital ['kæpɪtl]	Großbuchstabe; großes ...	*English has a capital E.*
writer ['raɪtə]	Schriftsteller/in	*Joanne K. Rowling is a writer.*
actress ['æktrəs]	Schauspielerin	
singer ['sɪŋə]	Sänger/in	*She's a singer in a band.*
actor ['æktə]	Schauspieler	*Brad Pitt is an actor.*
model ['mɒdl]	Model, Fotomodell	*She's a model.*
politician [ˌpɒlə'tɪʃn]	Politiker/in	
coffee ['kɒfi]	Kaffee	

course [kɔːs]	Kurs, Lehrgang	**Mrs** ['mɪsɪz]	Frau *verheiratet*
registration form [ˌredʒɪ'streɪʃn fɔːm]	Anmeldeformular	**Ms** [mɪz]	Frau *neutrale Form*
school [skuːl]	Schule	**Miss** [mɪs]	Fräulein
personal details [ˌpɜːsənl 'diːteɪlz]	persönliche Angaben	**gender** ['dʒendə]	(grammatisches) Geschlecht
family name ['fæməli neɪm]	Familienname	**male** [meɪl]	männlich, Männer-
nationality [ˌnæʃə'næləti]	Staatsangehörigkeit	**female** ['fiːmeɪl]	weiblich, Frauen-
title ['taɪtl]	Titel	**mother tongue** ['mʌðə tʌŋ]	Muttersprache
Mr ['mɪstə]	Herr	**day** [deɪ]	Tag

month ['mʌnθ]	Monat	**country** ['kʌntri]	Land, Staat
year [jɪə]	Jahr	**telephone** ['telɪfəʊn]	Telefon
occupation, [ˌɒkju'peɪʃn]	Beruf, Tätigkeit	**identity card** [aɪ'dentəti kɑːd]	(Personal-)Ausweis
contact address [ˌkɒntækt ə'dres]	Kontaktadresse	**identity card number**	Ausweisnummer
street [striːt]	Straße	**signature** ['sɪgnətʃə]	Unterschrift
town [taʊn]	Stadt	**date** [deɪt]	Datum
post code ['pəʊst kəʊd]	Postleitzahl		

Nice to see you again. Did you have a good week?

Schön, Sie/dich wiederzusehen. Hatten Sie / Hattest du eine gute Woche?

Yes, thanks. And you?

Danke ja. Und Sie/du?

UNIT 3

Focus 1

people ['piːpl]	Leute, Menschen	
life [laɪf]	Leben	
(to) **mean** [miːn]	bedeuten	
problem ['prɒbləm]	Problem	
(to) **worry** ['wʌri]	sich Sorgen machen	*Don't worry!*
glass [glɑːs]	Glas	
water ['wɔːtə]	Wasser	
a glass of water	ein Glas Wasser	
thirsty ['θɜːsti]	durstig	
Here you are. [hɪə ju aː]	Bitte (schön).	

> ! What does ... mean?
> ~~What means ... ?~~

> ! Wenn Sie etwas haben möchten, sagen Sie *please*, wenn Sie jdm etwas geben: *Here you are.*

our [aʊə]	unser	*She's from our Munich office.*
party ['pɑːti]	Party	
last [lɑːst]	letzte/r/s	*My last bus is at 9.00.*
last week [lɑːst 'wiːk]	letzte/vorige Woche	*Hey look. Photos of our party last week.*
like [laɪk]	(ähnlich) wie	*Do it like this.*
fine [faɪn]	gut, schön	*Fine, thanks.*
so [səʊ]	so	
bad [bæd]	schlecht	
song [sɒŋ]	Lied	
when [wen]	wenn; als; wann	
(to) **sing** [sɪŋ]	singen	*Sing me a song!*
(to) **say** [seɪ]	sagen, sprechen	*How do you say this word in English?*
(to) **be happy** [bi 'hæpi]	sich freuen, glücklich sein	*I'm so happy!*

Starting a conversation

How are you?	Wie geht es Ihnen/dir?
Fine, thanks.	Danke, gut.
And you?	Und (wie geht es) Ihnen/dir?
Not so bad.	Geht so.
What's the problem?	Was ist los? / Was ist das Problem?
Don't worry!	Machen Sie sich / Mach dir keine Sorgen.

Focus 2

who [huː]	wer	*Who is on the phone?*
colleague ['kɒliːg]	Kollege/Kollegin	
boss [bɒs]	Chef/in	
morning ['mɔːnɪŋ]	Morgen, Vormittag	*I'm at home this morning.*
Good morning.	Guten Morgen.	
the second time [ðə 'sekənd taɪm]	das zweite Mal	*This is the second time you're late.*

!
boss = Chef
chef = Küchenchef

T

this week [ˌðɪs 'wiːk]	diese Woche	*This week is a good week.*
way [weɪ]	Weg	*The way to work.*
(to) **be on your way** [ɒn jɔː 'weɪ]	unterwegs sein	*I'm on my way to see you.*
correct [kə'rekt]	richtig	
(to) **be on the phone**	am Telefon sein	
Today is not his day.	Heute ist nicht sein Tag.	
we [wiː]	wir	
Watch out! [ˌwɒtʃ 'aʊt]	Vorsicht!	

Focus 3

but [bʌt]	aber	
his [hɪz]	sein	*my father and his partner*
their [ðeə]	ihr	*Ben and Winston meet their boss.*
article ['ɑːtɪkl]	Artikel	*an article in a magazine*
in the morning [ɪn ðə 'mɔːnɪŋ]	morgens	*See you in the morning.*

Focus 4

(to) **talk** [tɔːk]	sprechen, reden	
(to) **talk about sth**	über etwas sprechen	*She talks about her job a lot.*
family ['fæməli]	Familie	*This is my family.*
opposite ['ɒpəzɪt]	gegenüber(liegend)	
That's you, isn't it?	Das sind Sie, nicht wahr?/ Das bist du, oder?	
brother ['brʌðə]	Bruder	*This is my brother Tony.*
wedding ['wedɪŋ]	Hochzeit	
all [ɔːl]	alle	*All these people are my friends.*
member ['membə]	Mitglied	*My brother is a member of my family.*
big [bɪg]	groß	

well [wel]	nun; na ja	
wife [waɪf]	Ehefrau	
(to) **work (for sb)** [wɜːk]	für jdn arbeiten	*He works for his father.*
airline company [ˌeəlaɪn ˈkʌmpəni]	Fluggesellschaft	*She works for an airline company.*
parents [ˈpeərənts]	Eltern	*And these are your parents, right?*
sister [ˈsɪstə]	Schwester	*My sister is an actress.*
beautiful [ˈbjuːtɪfl]	schön	*Wow, she's beautiful.*
husband [ˈhʌzbənd]	Ehemann	*Alicia and her husband*
son [sʌn]	Sohn	
daughter [ˈdɔːtə]	Tochter	
child, children [tʃaɪld, ˈtʃɪldrən]	Kind, Kinder	
friend [frend]	Freund/in	
person [ˈpɜːsn]	*Sing. von* people, Mensch, Person	*She's a nice person.*
the others [ði ˈʌðəz]	die anderen	
grandfather [ˈgrænfɑːðə]	Großvater	
little [ˈlɪtl]	klein	*I have a little daughter, she's two.*
(to) **live** [lɪv]	wohnen, leben	*She lives in England.*
cosmetics [kɒzˈmetɪks]	Kosmetik(a)	
firm [fɜːm]	Firma, Unternehmen	
bank [bæŋk]	Bank	*My mother works for a bank.*
with [wɪð, wɪθ]	mit	*Do you work with nice colleagues?*
form [fɔːm]	Form	*Please fill in the correct form of the verbs.*
(the) **same** [seɪm]	der, die, das gleiche, der-, die-, dasselbe	*My sister and I live in the same city.*
(to) **be married** [bi ˈmærid]	verheiratet sein	*Winston is married and has two children.*

(to) **play** [pleɪ]	spielen	
cricket ['krɪkɪt]	Kricket	
government ['gʌvənmənt]	Regierung	*Michael works for the government.*
more [mɔː]	mehr	*Tell me more about your family.*
football ['fʊtbɔːl]	Fußball	*My sister plays football.*

Story

still [stɪl]	(immer) noch	*Oh dear. So late and I'm still in the office.*
next [nekst]	nächste/r/s	
(to) **come** [kʌm]	kommen	*Ben is still in the café when the bus comes.*
minute ['mɪnɪt]	Minute	*The next bus is in 20 minutes.*
(to) **explode** [ɪk'spləʊd]	explodieren	*Mrs Morgan explodes.*
(to) **get on well with sb** [ˌget ɒn 'wel wɪð]	gut mit jdm auskommen	*Winston and Ben get on well.*
difficult ['dɪfɪkəlt]	schwer, schwierig	
(to) **like** [laɪk]	mögen, gern haben	*I like wine.*

Magazine

best [best]	beste/r/s	
thing [θɪŋ]	Sache, Ding, Gegenstand	*What's the best thing about your job?*
canteen [kæn'tiːn]	Kantine	
house [haʊs]	Haus	*Our house is in Lincoln.*
centre ['sentə]	Zentrum	
(to) **be on holiday** [biː ɒn 'hɒlədeɪ]	im Urlaub sein	*My sister is on holiday.*
(to) **speak to sb** ['spiːk tə]	mit jdm sprechen	*Can I speak to Mr Jones, please?*
in this photo [ɪn ðɪs 'fəʊtəʊ]	auf diesem Foto	*How many people are in this photo?*

T

TRANSCRIPT

ideal [aɪ'diːəl]	ideal	
(to) **be sure** [biː 'ʃʊə]	sich sicher sein	*I'm sure she's a teacher.*
neighbour ['neɪbə]	Nachbar/in	*My ideal neighbours have children.*
lots of ['lɒts əv]	viel, viele	*Lots of people like gardening.*
dog [dɒg]	Hund	
garden ['gɑːdn]	Garten	
(to) **look like** ['lʊk laɪk]	aussehen wie	*She looks like your mother.*
gardener ['gɑːdnə]	Gärtner/in	
myself [maɪ'self]	selbst, selber	*I like gardens. I'm a gardener myself.*
(to) **watch television**	fernsehen	
music ['mjuːzɪk]	Musik	*I listen to music.*
at night [ət 'naɪt]	nachts	*My neighbour sings late at night.*
(to) **get up** [ˌget 'ʌp]	aufstehen	*I get up early in the morning.*
every ['evri]	jede/r/s	*I get up late every weekend.*
(to) **invite** [ɪn'vaɪt]	einladen	
of course [əf 'kɔːs]	natürlich, selbstverständlich	*Of course you can come to my party.*
(to) **need to** ['niːd tə]	müssen	*I need to borrow a mobile phone.*
something ['sʌmθɪŋ]	etwas	
always ['ɔːlweɪz]	immer	*I can always ask my teacher.*
for example [fər ɪg'zɑːmpl]	zum Beispiel	*I like Beethoven, for example.*
(to) **borrow** ['bɒrəʊ]	(sich etwas) borgen, leihen	
tool [tuːl]	Werkzeug	*Can I borrows some tools?*
litre of sth ['liːtər əv]	Liter	*A litre of milk, please.*
milk [mɪlk]	Milch	*I like milk.*
them [ðem]	*3. Person Plural* sie, ihnen	

daughter-in-law ['dɔːtərɪnlɔː]	Schwiegertochter	**granddaughter** ['grændɔːtə]	Enkelin
brother-in-law ['brʌðərɪnlɔː]	Schwager	**uncle** ['ʌŋkl]	Onkel
nephew ['nevjuː]	Neffe	**cousin** ['kʌzn]	Cousin/e
niece [niːs]	Nichte	**aunt** [ɑːnt]	Tante
mother-in-law ['mʌðərɪnlɔː]	Schwiegermutter	**grandson** ['grænsʌn]	Enkel
sister-in-law ['sɪstərɪnlɒː]	Schwägerin		

wonderful ['wʌndəfl]	wunderbar, wundervoll	*She's a wonderful baby.*
room [ruːm]	Zimmer	*I'm in room 207.*
hotel manager ['həʊtel 'mænɪdʒə]	Geschäftsführer/in eines Hotels	
next to ['nekst tə]	(direkt) neben	*Jessica is in the room next to her parents.*
driver	Fahrer/in	*John is a taxi driver.*

That's life! — *So ist das Leben!*

UNIT 4

Focus 1

favourite ['feɪvərɪt]	liebste/r/s, Lieblings-	*I love pizza. It's my favourite food.*
world [wɜːld]	Welt	
from around the world [frəm əˌraʊnd ðə 'wɜːld]	aus der ganzen Welt	*food from around the world*

coffee ['kɒfi]	Kaffee	**cheese** [tʃiːz]	Käse
café au lait	Milchkaffee	**spirits** ['spɪrɪts]	Spirituosen
mocca ['mɒkə]	Espresso	**liqueur** [lɪ'kjʊə]	Likör
melange	*österr. Milchkaffee*		

whisky ['wɪski]	Whisky	**tomato** [tə'mɑːtəʊ]	Tomate
vodka ['vɒdkə]	Wodka	**tomato ketchup** [tə'mɑːtəʊ ketʃəp]	Tomaten-ketschup
nationality [ˌnæʃə'næləti]	Nationalität	**mineral water** ['mɪnərəl wɔːtə]	Mineralwasser
paella [paɪ'elə]	span. Reisgericht Paella	**dessert** [dɪ'zɜːt]	Nachspeise, Dessert
curry ['kʌri]	Curry	**chocolate** ['tʃɒklət]	Schokolade; Kakao
sushi ['suːʃi]	jap. Fischgericht Sushi	**banana** [bə'nɑːnə]	Banane
butter ['bʌtə]	Butter	**beer** [bɪə]	Bier

Eine Liste der Länder und Nationalitäten finden Sie auf den Seiten 80–81.

Playing a game

Toss a coin.	Wirf eine Münze.
Go forward three spaces.	Rücke drei Felder vor.
Go back two spaces.	Gehe zwei Felder zurück.
It's your turn!	Du bist dran!
You have to miss a turn.	Setze eine Runde aus.
You have an extra turn.	Du bist noch einmal dran.

board game ['bɔːd geɪm]	Brettspiel	**winner** ['wɪnə]	Gewinner/in, Sieger/in
coin [kɔɪn]	Münze	**end** [end]	Ende
forward ['fɔːwəd]	vorwärts	**first** [fɜːst]	zuerst
space [speɪs]	Feld; Schritt	(to) **reach the end first**	als Erste/r (im Ziel) sein
plate [pleɪt]	Teller	**start** [stɑːt]	Anfang, Start
(to) **miss** [mɪs]	aussetzen	**extra** ['ekstrə]	zusätzlich, extra
turn [tɜːn]	Runde	**finish** ['fɪnɪʃ]	Ende

Focus 2

likes and dislikes [ˌlaɪks ən 'dɪslaɪks]	Vorlieben und Abneigungen
(to) **hate** [heɪt]	hassen, gar nicht mögen

language ['læŋgwɪdʒ]	Sprache	*How many languages do you speak?*
learner ['lɜːnə]	Lerner/in	
me too [ˌmiː 'tuː]	ich auch	*I like Guinness. – Me too.*
me neither [miː 'naɪðə]	ich auch nicht	*I don't like sushi. – Me neither.*
much [mʌtʃ]	sehr	*I don't like German food much.*
really ['rɪəli]	wirklich, eigentlich, tatsächlich	*Do you really like fast food?*
never ['nevə]	nie(mals)	
(to) **try** [traɪ]	probieren	*Try this. It's good.*
I've never tried it.	Ich habe es nie probiert.	
quite [kwaɪt]	ziemlich	
I quite like it.	Ich mag es ganz gern.	
(to) **prefer** [prɪ'fɜː]	lieber mögen, bevorzugen	*I don't like hamburgers. I prefer spaghetti.*
hungry ['hʌŋgri]	hungrig	*I am hungry.*
What about ...? ['wɒt əbaʊt]	Was ist mit ...?	*What about Ellen?*
short [ʃɔːt]	kurz	
vegetarian [ˌvedʒə'teəriən]	Vegetarier/in	
market ['mɑːkɪt]	Markt	*There is a market on Bond Street.*
(to) **know** [nəʊ]	kennen	*Do you know a good Chinese restaurant?*
friendly ['frendli]	freundlich, freundschaftlich	*The people are very friendly.*
service ['sɜːvɪs]	Bedienung, Service	*The service is good.*
expensive [ɪk'spensɪv]	teuer	*Paris is expensive.*
there is ['ðeˌrɪz]	es gibt	! There is live music. ~~It gives~~ live music.
card [kɑːd]	Visitenkarte	
(to) **remember** [rɪ'membə]	sich erinnern (an)	*I can't remember the name.*
(to) **find out** [ˌfaɪnd 'aʊt]	herausfinden	

TRANSCRIPT

near [nɪə]	in der Nähe von, nahe	*There's a nice restaurant near here.*
fantastic [fæn'tæstɪk]	fantastisch	*The food is fantastic.*
note [nəʊt]	Notiz	
(to) **write notes**	sich Notizen machen	
guide [gaɪd]	Führer, Ratgeber	*a restaurant guide*
example [ɪg'zɑːmpl]	Beispiel	
someone ['sʌmwʌn]	jemand	*Can someone help me, please?*
exact [ɪg'zækt]	genau	
(to) **design** [dɪ'zaɪn]	entwerfen	*Design a poster, please.*
(to) **bring** [brɪŋ]	(mit-)bringen	
printout ['prɪntaʊt]	(Computer-)Ausdruck	*Can you bring a printout of your guide?*

Focus 3

text [tekst]	Text	
business trip ['bɪznəs trɪp]	Geschäftsreise	*Tara is on her way home from a business trip.*
boarding card ['bɔːdɪŋ kɑːd]	Bordkarte	
What would you like?	Was hätten Sie gerne?	*What would you like? – A glass of water, please.*
red wine [ˌred 'waɪn]	Rotwein	
anything else? [ˌeniθɪŋ 'els]	noch etwas?	
just [dʒʌst]	nur	*Just a glass of water, please.*
moment ['məʊmənt]	Moment, Augenblick	
bill [bɪl]	Rechnung	
table ['teɪbl]	Tisch	
Was there a problem at the other table?	Gab es ein Problem am Nachbartisch?	

Eating out

Would you like to have the menu?	Hätten Sie gerne die Speisekarte?
What would you like?	Was möchten Sie gerne essen/trinken?
I'd like …	Ich hätte/möchte gern …
Just a moment!	Einen Augenblick, bitte.
Would you like anything else?	Möchten Sie sonst noch etwas?
Just the bill, please.	Nur die Rechnung, bitte.
I'd like to pay now.	Ich würde jetzt gerne bezahlen.

you see	wissen Sie / weißt du	*I hate mobile phones, you see.*
plane [pleɪn]	Flugzeug	
(to) **choose** ['tʃuːz]	wählen, auswählen	*Choose the right word.*
waiter ['weɪtə]	Kellner	
customer ['kʌstəmə]	Kunde/Kundin	
What sort of … ?	Was für … ?	*What sort of wine would you like?*

Story

sales manager ['seɪlz mænɪdʒə]	Verkaufsleiter/in	
travel firm ['trævl fɜːm]	Reiseveranstalter	*Paco is a sales manager of a travel firm.*
(to) **organize** ['ɔːgənaɪz]	organisieren	*Paco's firm organizes holidays in Spain.*
activity holiday [æk'tɪvəti hɒlədeɪ]	Aktivurlaub	
northern ['nɔːðən]	Nord-, nördlich	
interview ['ɪntəvjuː]	Interview	*Paco has an interview with Ben.*
goodbye [ˌgʊd'baɪ]	auf Wiedersehen	
(to) **say goodbye**	sich verabschieden	*Tara and Paco say goodbye.*
baggage hall ['bægɪdʒ hɔːl]	Gepäckhalle	
(to) **collect sth** [kə'lekt]	etwas (ab)holen	
suitcase ['suːtkeɪs]	Koffer	*Tara collects her suitcase from the baggage hall.*
hand baggage ['hænd bægɪdʒ]	Handgepäck	*You can take hand baggage on the plane.*
straight through [streɪt 'θruː]	direkt durch	

Magazine

word spider ['wɜːd ˌspaɪdə]	Wortnetz	*Make a word spider with food words.*
(to) **eat** [iːt]	essen	*I eat a lot of Chinese food.*
radio ['reɪdiəʊ]	Radio	*I listen to the radio in the morning.*
squash [skwɒʃ]	Squash	
film character ['fɪlm ˌkærəktə]	Filmfigur	*M is a film character.*
car [kɑː]	Auto	*I don't drive a car.*
fast [fɑːst]	schnell	*Do you like fast cars?*
attractive [ə'træktɪv]	attraktiv, anziehend	*He's an attractive man.*

eating out	im Restaurant essen	**rice** [raɪs]	Reis
(to) **go out for dinner**	im Restaurant zu Abend essen	**main course** [ˌmeɪn 'kɔːs]	Hauptgericht
vegetable lasagne [ˌvedʒtəbl lə'zænjə]	Gemüse-Lasagne	**chicken** ['tʃɪkɪn]	Huhn, Hähnchen
salad ['sæləd]	Salat	**fruit** [fruːt]	Obst, Früchte
portion ['pɔːʃn]	Portion	**evening** ['iːvnɪŋ]	Abend
chips [tʃɪps]	Pommes frites	**Good evening.**	Guten Abend.
prawn cocktail [prɔːn 'kɒkteɪl]	Krabbencocktail	**smoking** ['sməʊkɪŋ]	Raucher-
		non-smoking [ˌnɒn 'sməʊkɪŋ]	Nichtraucher-
		over here [ˌəʊvə 'hɪə]	hier drüben
starter ['stɑːtə]	Vorspeise	(to) **be ready to do sth** ['redi]	bereit sein, etwas zu tun
baked camembert [beɪkt 'kæməmbeə]	gebackener Camembert	(to) **order** ['ɔːdə]	bestellen
side dish ['saɪd dɪʃ]	Beilage	**for the main course**	als Hauptgericht

(!) prawn (BE)
shrimp (AE)
[ʃrɪmp]

Enjoy your meal! — *Guten Appetit!*

Thanks, you too! — *Danke, dir auch!*

UNIT 5

Focus 1

typical ['tɪpɪkl]	typisch	*a typical English meal*
daily ['deɪli]	täglich	*I learn English daily.*
meal [mi:l]	Essen, Mahlzeit	*She likes English meals.*
lunch [lʌntʃ]	Mittagessen	*Lunch is from 12.00 to 14.00.*
(to) **eat lunch** [i:t 'lʌntʃ]	zu Mittag essen	*I don't eat a big lunch.*
normal ['nɔ:ml]	normal	
weekday ['wi:kdeɪ]	Wochentag, Werktag	*I don't eat a lot on a normal weekday.*
on a weekday	wochentags	
(to) **have lunch** [həv 'lʌntʃ]	zu Mittag essen	*Do you have lunch in the canteen?*
at home [ət 'həʊm]	zu Hause	*I eat at home on a normal weekday.*
breakfast ['brekfəst]	Frühstück	*What do you have for breakfast? – Coffee.*
evening meal [ˌi:vnɪŋ 'mi:l]	Abendessen	
well [wel]	Adverb von good	*How well do you know your teacher?*
main meal [meɪn 'mi:l]	Hauptmahlzeit	*When do you eat your main meal?*
in the evening	abends, am Abend	
(to) **drink** [drɪŋk]	trinken	*Does he drink tea or coffee?*
a lot of [ə 'lɒt əv]	viel, viele	*A lot of people don't have lunch at work.*
(to) **interview** ['ɪntəvju:]	befragen, interviewen	*Ben interviews Paco about his company.*
each other [i:tʃ 'ʌðə]	einander, gegenseitig	*Please interview each other.*
eating habits ['i:tɪŋ hæbɪts]	Essgewohnheiten	*Tell me about your eating habits.*
(to) **take notes** [teɪk 'nəʊts]	sich Notizen machen	*Can you take notes, please?*
middle ['mɪdl]	in der Mitte; mittlere	*Do you have a middle name?*
middle of the day	Mitte des Tages	*I'm always hungry in the middle of the day.*

for breakfast [fə 'brekfəst]	zum Frühstück	*I eat toast for breakfast.*
(to) **report sth to sb** [rɪ'pɔːt]	jdm etwas berichten	
most [məʊst]	die meisten	*Most people like chocolate.*

Focus 2

time [taɪm]	Uhrzeit	
(to) **tell sb the time**	jdm sagen, wie spät es ist	*Can you tell me the time, please?*
what time [wɒt 'taɪm]	wann, um wie viel Uhr	*What time do you have lunch?*
before [bɪ'fɔː]	vor	*I have breakfast before 8.00.*
clock [klɒk]	Uhr	*Is there a clock in your office?*
o'clock [ə'klɒk]	(um) ... Uhr	*6.00 = It's six o'clock.*
between [bɪ'twiːn]	zwischen	*He has breakfast between 8.15 and 9.30.*
past [pɑːst]	nach	*8.05 = It's five past eight.*
half past [ˌhɑːf 'pɑːst]	halb	*8.30 = half past eight*
quarter past ['kwɔːtə pɑːst]	Viertel nach	*7.15 = quarter past seven*
to [tuː]	vor	*7.55 = It's five to eight.*
quarter to [ˌkwɔːtə tu]	Viertel vor	*7.45 = quarter to eight*
after ['ɑːftə]	nach	*See you after lunch.*
sentence ['sentəns]	Satz	
two ways [tuː 'weɪz]	zwei verschiedene Möglichkeiten	*There are two ways.*
four thirty [ˌfɔː 'θɜːti]	vier (Uhr) dreißig	*The film starts at four thirty.*
a.m. (ante meridiem) [ˌeɪ 'em]	*von Mitternacht bis Mittag*	
p.m. (post meridiem) [ˌpiː 'em]	*von Mittag bis Mitternacht*	*Do you want to meet at 9 a.m. or 9 p.m.?*
What's the time, please?	Wie spät ist es, bitte?	
movie *(AE)* ['muːvi]	Film	

(!) movie (AE)
film (BE)

Focus 3

routine [ruː'tiːn]	Routine, Tagesablauf	
(to) **have dinner** [həv 'dɪnə]	zu Abend essen	*Would you like to have dinner with us?*
(to) **have a wash** [həv ə 'wɒʃ]	sich waschen	
(to) **have breakfast** [həv 'brekfəst]	frühstücken	*When do you have breakfast?*
(to) **get up** [ˌget 'ʌp]	aufstehen	*When do you get up in the morning?*
(to) **go to bed** [gəʊ tə 'bed]	ins Bett gehen	*And when do you go to bed?*
(to) **finish** ['fɪnɪʃ]	beenden, aufhören	*When do you finish work?*
(to) **start** [stɑːt]	anfangen, beginnen	*I start work in the morning.*
afternoon [ˌɑːftə'nuːn]	Nachmittag; Nachmittags-	*He sleeps in the afternoon.*
nap [næp]	Schläfchen	*Some teachers have afternoon naps.*
(to) **watch TV** [wɒtʃ ˌtiː 'viː]	fernsehen	*Do you watch TV in the evening?*
(to) **sleep** [sliːp]	schlafen	*Most people sleep at night.*
hour ['aʊə]	Stunde	*How many hours do you sleep per night?*
for three hours	drei Stunden (lang)	
minute ['mɪnɪt]	Minute	*He sleeps for 20 minutes in the afternoon.*
about [ə'baʊt]	ungefähr	*I start work at about 8 o'clock.*
till [tɪl]	bis	*On a weekday I sleep till six o'clock.*
city ['sɪti]	(Groß)-Stadt	
break [breɪk]	Pause	*I have a coffee break at 10.00.*
midnight ['mɪdnaɪt]	Mitternacht	*Paco and his wife go to bed after midnight.*
why [waɪ]	warum	*Why are you so happy?*
long [lɒŋ]	lang	*Do you have a long way to work?*
working day ['wɜːkɪŋ deɪ]	Arbeitstag	*Paco has a long working day.*
because [bɪ'kɒz]	weil	*I don't work late because I start early.*

straight [streɪt]	direkt	*They go straight home after work.*

Focus 4

unusual [ʌn'ju:ʒʊəl]	ungewöhnlich	*What an unusual story!*
factory ['fæktəri]	Fabrik	
worker ['wɜ:kə]	Arbeiter/in	*Deng Bing Yu is a factory worker.*
hard [hɑ:d]	schwer, hart	*She works ten hours a day. She works hard.*
(to) **come** [kʌm]	kommen	*The children come home in the afternoon.*
(to) **go home** [ˌgəʊ 'həʊm]	nach Hause gehen	*When do you go home in the evening?*
(to) **be back** [bi 'bæk]	zurück sein	*She's back at the school in the afternoon.*
days a week [ˌdeɪz ə 'wi:k]	Tage in der Woche	*How many days a week do you work? – Four.*
Sunday ['sʌndeɪ]	Sonntag	*Most people don't work on Sunday.*
(to) **have to** ['həv tə]	müssen	*Li Yan has to work in her holidays.*
service job ['sɜ:vɪs dʒɒb]	Dienstleistungsberuf	
open ['əʊpən]	offen, geöffnet	*Shops in the US are open till late in the evening.*
summer ['sʌmə]	Sommer	
winter ['wɪntə]	Winter	*I would like to have a winter holiday.*
(to) **teach** [ti:tʃ]	unterrichten, lehren	*She teaches Spanish.*
new [nju:]	neu	! I have a lot of homework. ~~I have a lot of homeworks.~~
homework ['həʊmwɜ:k]	Hausaufgaben	
kilometre ['kɪləmi:tə]	Kilometer	
practical ['præktɪkl]	praktisch	
on Sunday [ɒn 'sʌndeɪ]	sonntags	*I get up late on Sunday.*
final ['faɪnl]	letzte/r/s	*It's Jang Wenwen's final year at school.*
from time to time	von Zeit zu Zeit	*I go to a restaurant from time to time.*

schoolchild ['skuːltʃaɪld]	Schulkind	*Schoolchildren work hard in China.*
journey ['dʒɜːni]	Fahrt, (An-)Reise	*She's on a journey to Rome.*
(to) **take** [teɪk]	dauern	*Her journey to work takes an hour.*
normally ['nɔːməli]	normalerweise	*I normally watch a film on Sunday.*
housewife ['haʊswaɪf]	Hausfrau	*Her mother is a housewife.*

Story

(to) **be interested in sth** ['ɪntrəstɪd ɪn]	an etwas interessiert sein	*She is very interested in languages.*
green tourism [ˌgriːn 'tʊərɪzəm]	alternativer Tourismus	*Ben's article is about green tourism.*
too [tuː]	zu	*It's too late now.*
alternative [ɔːl'tɜːnətɪv]	alternativ	*Do you like alternative holidays?*
reader ['riːdə]	Leser/in	
that sort of topic [ðət ˌsɔːt əv 'tɒpɪk]	solche/derlei Themen	*I'm interested in "green tourism" and that sort of topic.*
was [wɒz]	*Vergangenheitsform von* be	*The article was a lot of work for Ben.*
angry ['æŋgri]	ärgerlich, wütend	*Mrs Morgan was very angry with Ben.*

Magazine

on Friday [ɒn 'fraɪdeɪ]	freitags, am Freitag	
night [naɪt]	Nacht	
in the middle of the night	mitten in der Nacht	*I often wake up in the middle of the night.*
midday [ˌmɪd'deɪ]	Mittag, mittäglich	*We have lunch at midday.*
on Wednesday [ɒn 'wenzdeɪ]	mittwochs, am Mittwoch	*See you on Wednesday.*
studio ['stjuːdiəʊ]	Studio	
(to) **get to the TV studio**	im Fernsehstudio ankommen	*The presenter gets to the TV studio at 4.30.*
(to) **get back home**	wieder nach Hause kommen	

TV presenter [ti:'vi: prɪ'zentə]	Fernsehmoderator/in	
(to) **shower** ['ʃaʊə]	(sich) duschen	*I shower every morning.*
(to) **have a shower** *(BE)* [həv ə 'ʃaʊə]	(sich) duschen	*After sport I have a shower.*
(to) **number** ['nʌmbə]	nummerieren	*Please number your sentences.*
action ['ækʃn]	Handlung, Aktion	*My first daily action is to make coffee.*
cross [krɒs]	Kreuz	
usually ['ju:ʒuəli]	normalerweise, gewöhnlich	*He usually goes to his English class on Monday.*
never ['nevə]	nie(mals)	*I never get up late on a weekday.*
(to) **get dressed** [get 'drest]	(sich) anziehen	*They get dressed late on Sunday.*
(to) **switch on** [ˌswɪtʃ 'ɒn]	an-, einschalten	
coffee machine [ˌkɒfi mə'ʃi:n]	Kaffeemaschine	*Can you switch on the coffee machine, please?*
(to) **take a shower** *(AE)* [ˌteɪk ə 'ʃaʊə]	sich duschen	
bathroom ['bɑ:θru:m]	Bad(ezimmer)	*Where's the bathroom, please?*
(to) **switch off** [ˌswɪtʃ 'ɒf]	ausschalten	*Switch off the radio, please.*
alarm clock [ə'lɑ:m klɒk]	Wecker	*Oh, please switch off the alarm clock!*
(to) **brush your teeth** *(BE)* ['brʌʃ jɔ: ˌti:θ]	sich die Zähne putzen	
(to) **feed** [fi:d]	füttern	
cat [kæt]	Katze	
(to) **go jogging** [gəʊ 'dʒɒgɪŋ]	joggen	
newspaper ['nju:zpeɪpə]	Zeitung	*I often read the newspaper on the way to work.*
kitchen ['kɪtʃɪn]	Küche	*We always eat in the kitchen.*
(to) **make coffee** [meɪk 'kɒfi]	Kaffee kochen	
after that [ˌɑ:ftə 'ðæt]	danach	*I shower and after that I brush my teeth.*
(to) **go back** [gəʊ 'bæk]	zurückgehen	*I want to go back to bed.*

!
Manches macht man in GB und den USA unterschiedlich:
AE: take a shower
BE: have a shower
BE: brush your teeth
AE: clean your teeth

TRANSCRIPT

(to) **take sth** [teɪk]	etwas mitnehmen	*I usually take my mobile to work.*

See you next week! — Bis nächste Woche!

Hope to see you, too. — Ich hoffe auch, Sie/dich wiederzusehen.

UNIT 6

Focus 1

days of the week [ˌdeɪz əv ðə 'wiːk]	Wochentage	
time expressions [taɪm ɪk'spreʃnz]	Zeitangaben	
could [kʊd]	könnte/st/n	*I could visit you if you have time.*

Monday ['mʌndeɪ]	Montag	**Sunday** ['sʌndeɪ]	Sonntag
Tuesday ['tjuːzdeɪ]	Dienstag	**breakfast time** ['brekfəst taɪm]	Frühstückszeit
Wednesday ['wenzdeɪ]	Mittwoch	**lunchtime** ['lʌntʃtaɪm]	Mittagszeit, -pause
Thursday ['θɜːzdeɪ]	Donnerstag	**tea time** ['tiː taɪm]	Teezeit
Friday ['fraɪdeɪ]	Freitag	**happy hour** ['hæpi aʊə]	Happy Hour
Saturday ['sætədeɪ]	Sonnabend, Samstag	**dinner time** ['dɪnə taɪm]	(Abend-)Essenszeit

definitely ['defɪnətli]	bestimmt, sicher(lich)	*Beer is definitely not my favourite drink.*
perhaps [pə'hæps]	vielleicht, eventuell	*Perhaps we can have a drink after work.*
(to) **compare** [ˌkəm'peə]	vergleichen	*Compare the pictures, please.*
cake [keɪk]	Kuchen, Torte	*I like a piece of cake in the afternoon.*
brunch [brʌntʃ]	breakfast *und* lunch = Brunch	*Can we have brunch today?*
column ['kɒləm]	Spalte	

paper ['peɪpə]	Zeitung	*I read a paper in the morning.*
(to) **cook** [kʊk]	kochen	*Do you cook a meal in the evening?*
sauna ['sɔːnə]	Sauna	*I sometimes go to the sauna at the weekend.*
(to) **surf the internet** [sɜːf ðɪ 'ɪntənet]	im Internet surfen	*How often do you surf the internet?*
(to) **go cycling** ['saɪklɪŋ]	Rad fahren	*I often go cycling on Friday.*
concert ['kɒnsət]	Konzert	*I sometimes go to a concert at the weekend.*
(to) **use** [juːz]	verwenden, benutzen	*Use these words, please.*
position [ˌpə'zɪʃn]	Stellung, Position	

–				+
never nie(mals)	**sometimes** manchmal	**often** oft	**usually** normalerweise	**always** immer

! Zeitangaben wie *always*, *never* usw. stehen vor dem Hauptverb: *I always get up early*, aber nach dem Verb (to) be: *I'm never late.*

Focus 2

weekly ['wiːkli]	wöchentlich	*weekly routines*
part of ['pɑːt əv]	Teil von	*Problems are a part of life.*
call [kɔːl]	Anruf, Telefongespräch	*There's a call for you, Ben.*
Are things OK at work?	Ist beruflich alles in Ordnung?	
quite a lot [kwaɪt ə 'lɒt]	ziemlich viel	*I'm away quite a lot.*
actually ['æktʃuəli]	eigentlich, tatsächlich	*I'm actually away from home quite a lot.*
(to) **enjoy** [ɪn'dʒɔɪ]	genießen	*I enjoy my life a lot.*
true [truː]	richtig, wahr	*Is that true?*
I mean [aɪ 'miːn]	ich sag' mal; na ja	
(to) **be out all the time**	die ganze Zeit unterwegs sein	*Tara is out all the time.*

(to) **practise** ['præktɪs]	proben	*Tara practises with her band on Tuesdays.*
dance class ['dɑːns klɑːs]	Tanzunterricht	
(to) **suppose** [sə'pəʊz]	glauben, annehmen, vermuten	*Tara? – She's at work, I suppose.*
gym [dʒɪm]	Sportstudio, Fitnessstudio	*I don't often go to the gym.*
(to) **work out** [ˌwɜːk 'aʊt]	(hart) trainieren	*I work out at the gym.*
right [raɪt]	okay, in Ordnung	
as much as you can	so viel, wie Sie können	*Eat as much as you can!*
combination [ˌkɒmbɪ'neɪʃn]	Kombination, Verbindung	
church [tʃɜːtʃ]	Kirche	*Do you sometimes go to church?*
CD [ˌsiː 'diː]	CD	
cinema ['sɪnəmə]	Kino	*He often goes to the cinema.*
(to) **go dancing** [ˌgəʊ 'dɑːnsɪŋ]	tanzen gehen	*They often go dancing on Saturdays.*
computer game [kəm'pjuːtə geɪm]	Computerspiel	*Ben plays computer games in the evening.*
(to) **go swimming** [ˌgəʊ 'swɪmɪŋ]	schwimmen gehen	*I usually go swimming at the weekend.*
video ['vɪdiəʊ]	Video(film)	*Let's watch a video.*
pub [pʌb]	Kneipe, Lokal	*Would you like to go to the pub with me?*
(to) **go shopping** [ˌgəʊ 'ʃɒpɪŋ]	einkaufen gehen	*Many people go shopping on Saturday.*
piece of paper [piːs əf 'peɪpə]	Zettel, Blatt Papier	*Write your text on a piece of paper.*
somebody else [ˌsʌmbədi 'els]	jemand anders	*I have no time today. Ask somebody else.*
until [ən'tɪl]	bis	
whose [huːz]	dessen, deren	

Focus 3

highlight ['haɪlaɪt]	Hohepunkt	*This course is the highlight of my week.*
(to) **go to school** [ˌgəʊ tə 'skuːl]	zur Schule gehen	*My son goes to school in the morning.*

energy ['enədʒi]	Energie	*I always have so much energy after yoga.*
TV programme [ˌtiː 'viː prəʊgræm]	Fernsehsendung	
game show ['geɪm ʃəʊ]	Spiel-, Gameshow	
millionaire [ˌmɪljə'neə]	Millionär/in	
ritual ['rɪtʃuəl]	Ritual	
(to) **ask for sth**	nach etwas fragen	

Story

romantic [rəʊ'mæntɪk]	romantisch	*What a romantic story!*
window ['wɪndəʊ]	Fenster	
by the window	am Fenster	
talk [tɔːk]	Gespräch, Unterhaltung	*They have a long talk about their problems.*
(to) **go away** [ˌgəʊ ə'weɪ]	wegfahren	
everything ['evriθɪŋ]	alles	
(to) **plan** [plæn]	planen	*Tara and Steve plan to go away.*
network ['netwɜːk]	Netz(werk)	

Magazine

(to) **smoke** [sməʊk]	rauchen	
cook [kʊk]	Koch/Köchin	
fitness centre ['fɪtnəs ˌsentə]	Fitnesszentrum	
busy ['bɪzi]	beschäftigt	*Sorry! I can't go out this evening. I'm busy.*
boyfriend ['bɔɪfrend]	Freund	
(to) **sell** [sel]	verkaufen	
idea [aɪ'dɪə]	Idee, Gedanke	

(!) „Normale" Freunde und Freundinnen sind im Englischen friends. Boyfriends und girlfriends sind Partner.

category ['kætəgəri]	Kategorie	*Put the words into the right category.*
brochure ['brəʊʃə]	Broschüre, Prospekt	*I need the brochure to plan my holiday.*
photography [fə'tɒgrəfi]	Fotografie	*I would like to do a course in photography.*
computing [kəm'pjuːtɪŋ]	EDV	*Do you want to do a class in computing?*
beginner [bɪ'gɪnə]	Anfänger/in	*Computing for beginners.*
scuba-diving ['skuːbə daɪvɪŋ]	Sporttauchen *(mit Tauchgerät)*	*My first choice is scuba-diving in Bali.*
sailing ['seɪlɪŋ]	Segeln	*Do you go sailing in summer?*
painting ['peɪntɪŋ]	Malen	*My wife likes painting.*
modern dance [ˌmɒdn 'dɑːns]	moderner Tanz	*I like modern dance.*
cooking ['kʊkɪŋ]	Kochen	
landscape ['lændskeɪp]	Landschaft	*The landscape in Wales is beautiful.*
landscape gardening [ˌlændskeɪp 'gɑːdnɪŋ]	Landschaftsgärtnerei, Gartenbau	
creativity [ˌkriːeɪ'tɪvəti]	Kreativität	
practical skills ['præktɪkl skɪlz]	praktische Fähigkeiten	*He doesn't have any practical skills.*
water sports ['wɔːtə 'spɔːts]	Wassersport	*Are you interested in watersports?*
offer ['ɒfə]	Angebot	*Malta, Greece, Italy – what's the best offer?*
(to) **sail** [seɪl]	segeln	*Can you sail?*
How about ... ? ['haʊ əbaʊt]	Wie wär's mit ... ?	*How about scuba-diving in Mauritius?*
lake [leɪk]	See	*Are there any lakes in Berlin?*
ever ['evə]	jemals	*15 hours at work. – That was the longest day ever.*
the best holiday ever	der beste Urlaub, den es jemals gegeben hat	
maybe ['meɪbi]	vielleicht	*I would like to go to Malta or maybe Italy.*
creative [kri'eɪtɪv]	kreativ, schöpferisch	*She paints, she cooks. She's a very creative person.*
(to) **paint** [peɪnt]	malen, zeichnen	

TRANSCRIPT

TRANSCRIPT

perfect ['pɜːfɪkt]	perfekt	*What's the perfect holiday for you?*
(to) **get** [get]	bekommen, erlangen	*I want to get some practical skills.*
at the same time	gleichzeitig	*I'm tired but happy at the same time.*
excellent ['eksələnt]	ausgezeichnet, hervorragend	*Thank you for an excellent meal.*
secret ['siːkrɪt]	Geheimnis	*Learn the secrets of cooking.*
lots of ['lɒts əv]	viele, eine Menge	*There are lots of things you can do in London.*
fresh [freʃ]	frisch	
air [eə]	Luft	*I need some fresh air.*
castle ['kɑːsl]	Burg, Schloss	*The Queen has lots of castles.*
(to) **stay** [steɪ]	übernachten, wohnen	*Where do you usually stay on holiday?*
(to) **buy** [baɪ]	kaufen	

UNIT 7

Focus 1

yesterday ['jestədeɪ]	gestern

(to) **get to the class**	zum Unterricht kommen	**by car** [baɪ 'kɑː]	mit dem Wagen/Auto
(to) **travel** ['trævl]	fahren, reisen	**by motorbike** [baɪ 'məʊtəbaɪk]	mit dem Motorrad
How do you travel?	Womit fahren Sie?	**by taxi** [baɪ 'tæksi]	mit dem Taxi
(to) **get to work** [get tə 'wɜːk]	zur Arbeit kommen	**by train** [baɪ 'treɪn]	mit der Bahn
by bike [baɪ 'baɪk]	mit dem Rad	**by tram** [baɪ 'træm]	mit der Straßenbahn
by bus [baɪ 'bʌs]	mit dem Bus	**by underground** [baɪ 'ʌndəgraʊnd]	mit der U-Bahn

relaxation exercise [ˌriːlæk'seɪʃn eksəsaɪz]	Entspannungsübung	
(to) **have a rest** [həv ə 'rest]	sich ausruhen	*I want to have a rest.*
television programme ['telɪvɪʒn prəʊgræm]	Fernsehsendung	
news [njuːz]	Nachrichten	*She listened to the news in the morning.*
had [hæd]	*Vergangenheitsform von* have	
cup [kʌp]	Tasse	*I had a cup of tea this morning.*
went [went]	*Vergangenheitsform von* go	
guess [ges]	Vermutung	

Focus 2

once [wʌns]	einmal, ein Mal	
was [wɒz]	*Vergangenheitsform von* be	*He wasn't good at school when he was a child.*
(to) **change** [tʃeɪndʒ]	verändern	*Change your life!*
clue [kluː]	Anhaltspunkt, Hinweis	*Give me a clue.*
crossword ['krɒswɜːd]	Kreuzworträtsel	
must [mʌst]	müssen	*I must learn English for my job.*
must be … ['mʌst ˌbiː]	muss … sein	*This must be your husband.*
across [ə'krɒs]	waagerecht	
down [daʊn]	senkrecht	

Working on a project

Let's start (with …)	Beginnen wir (mit …)
What about … ?	Wie wäre es mit … ? / Was ist mit ?
This must be …	Dies muss … sein.
What's this one?	Was ist dies hier?
How about … ?	Wie wäre es mit … ?
This could be …	Dies könnte … sein.

each [iːtʃ]	jede/r/s, für jeden	*Can we have sweets, mum? – One each!*
fish [fɪʃ]	Fisch	
Let's … [lets]	Lassen Sie uns … / Lasst uns …	*Let's go shopping! – Oh no.*

Focus 3

ago [ə'gəʊ]	vor	*Two days ago I cooked a meal for friends.*
How long ago was it?	Wie lange ist das schon her?	
(to) **sort** [sɔːt]	sortieren	*Let's sort our questions.*
a long time ago [ə ˌlɒŋ taɪm ə'gəʊ]	vor langer Zeit	*I learned English at school, but that's a long time ago.*
last [lɑːst]	zuletzt, das letzte Mal	*I last saw a movie two weeks ago.*
somewhere ['sʌmweə]	irgendwo(hin)	*When did you last fly somewhere?*
(to) **have a meal** [həv ə 'miːl]	etwas essen	
alcohol ['ælkəhɒl]	Alkohol	*I didn't drink alcohol, I drank mineral water.*
birthday card ['bɜːθdeɪ kɑːd]	Geburtstagskarte	*How many birthday cards did you get?*
wrote [rəʊt]	*Vergangenheitsform von* write	*I wrote so many emails yesterday.*
took [tʊk]	*Vergangenheitsform von* take	
station ['steɪʃn]	Bahnhof	*This morning I took a taxi to the station.*
made [meɪd]	*Vergangenheitsform von* make	
read [red]	*Vergangenheitsform von* read	
natural ['nætʃrəl]	natürlich	
health [helθ]	Gesundheit	
saw [sɔː]	*Vergangenheitsform von* see	*I saw you yesterday at the station.*
drank [dræŋk]	*Vergangenheitsform von* drink	
flew [fluː]	*Vergangenheitsform von* fly	*Last year I flew to Mauritius.*
woman, women ['wʊmən], ['wɪmɪn]	Frau, Frauen	

> **!** Achtung Aussprache!
> (to) read [riːd],
> Vergangenheit: read [red]

came [keɪm]	*Vergangenheitsform von* come	*She came to the party late.*
ate [et]	*Vergangenheitsform von* eat	
got [gɒt]	*Vergangenheitsform von* get	
(to) **have a party** [həv ə 'pɑːti]	eine Party machen	*Let's have a party!*
snack [snæk]	Häppchen	
bread [bred]	Brot	
(to) **have a holiday** [həv ə 'hɒlɪdeɪ]	Urlaub machen	
postcard ['pəʊstkɑːd]	Postkarte	
(to) **take the underground**	die U-Bahn nehmen	*I took the underground to Victoria Station.*
theatre ['θɪətə]	Theater	
queen [kwiːn]	Königin	*Queen Elizabeth II of England.*
(to) **get home** [get 'həʊm]	nach Hause kommen	*When do you get home after class?*
half an hour [hɑːf ən 'aʊə]	eine halbe Stunde	*Can we meet in half an hour at the station?*
on the train	im Zug	
a bit [ə bɪt]	ein bisschen	*I didn't eat much today, I only ate a bit.*
detail ['diːteɪl]	Einzelheit, Detail	*Tara and Steve discuss their problems in detail.*

! Can I have a piece of bread, please?
~~Can I have a bread, please?~~

Focus 4

terminal ['tɜːmɪnl]	Abfertigungsgebäude	
intercontinental flight [ˌɪntəˌkɒntɪ'nentl flaɪt]	Interkontinentalflug	
arrivals [ə'raɪvlz]	Ankunftshalle	
both [bəʊθ]	beide	*We were both on holiday last week.*
(to) **be pleased** [biː 'pliːzd]	erfreut sein	*I'm so pleased to see you.*
date [deɪt]	Verabredung	*You have a date? Who is it?*
(to) **have a date**	*(privat)* mit jdm verabredet sein	*Last Saturday Ben had a date with Sana.*

match [mætʃ]	Spiel, Match	*Come on. Let's go and see the match.*
lose, lost [luːz], [lɒst]	verlieren	*I lost my keys yesterday.*
(to) **be happy about sth**	über etwas erfreut/ glücklich sein	
(to) **go for a drink**	einen trinken gehen	
(to) **come out of** [ˌkʌm 'aʊt əv]	herauskommen	*Ben came out of the pub.*
bus stop ['bʌs stɒp]	Bushaltestelle	*She walked to the bus stop.*
The phone went.	Das Telefon klingelte.	
thought [θɔːt]	*Vergangenheitsform von* think	*I thought we could meet.*
(to) **be on the phone**	am Telefon sein, (gerade) telefonieren	*My mum is always on the phone.*
piece [piːs]	Stück	*Could you give me that piece of paper, please?*
run, ran [rʌn], [ræn]	rennen, laufen	*He ran to meet her.*
(to) **miss** [mɪs]	verpassen	*Ben missed the bus, and was late.*
closed [kləʊzd]	geschlossen, gesperrt	*The station was closed, so he took a taxi.*
lift [lɪft]	Lift, Aufzug, Fahrstuhl	*Can we please take the lift?*
(to) **be out of order** [bi aʊt əv 'ɔːdə]	außer Betrieb sein	*The lift was out of order.*
slow [sləʊ]	langsam	*The bus was very slow.*
(to) **be full of sth** [bi 'fʊl əv]	voll von etwas sein, voller ... sein	*The underground was full of people.*
traffic ['træfɪk]	(Straßen-)Verkehr	*Sorry I'm late. There was a lot of traffic.*
traffic lights ['træfɪk laɪts]	Ampel	*The traffic lights were red.*
red [red]	rot	*Watch out! The traffic lights are red!*
suddenly ['sʌdənli]	plötzlich	*Suddenly he saw his ex-wife.*
found [faʊnd]	*Vergangenheitsform von* find	*He found his sunglasses.*
no [nəʊ]	kein	
money ['mʌni]	Geld	*He had no money.*
jacket ['dʒækɪt]	Jacke, Jackett	*He found £20 in his jacket.*

(to) **stop (at)** [stɒp]	halten (an)	*The taxi stopped at the restaurant at 8.20.*
free [friː]	frei	*She asked the driver: "Are you free?"*
ending ['endɪŋ]	Ende	

Story

conflict ['kɒnflɪkt]	Konflikt	
(to) **escalate** ['eskəleɪt]	eskalieren	*Last week the conflict between Ben and his boss escalated.*
memo ['meməʊ]	Notiz, Vermerk	*Can you write me a memo?*
said [sed]	*Vergangenheitsform von* say	*She said she loved me.*
through [θruː]	durch	*She came through the door.*
door [dɔː]	Tür	*The door was closed.*
(to) **sit down** [ˌsɪt 'daun]	sich setzen	*Sit down, please.*
(to) **give back** [ˌgɪv 'bæk]	zurückgeben	*Mrs Morgan gave him back three articles.*
knew [njuː]	*Vergangenheitsform von* know	*He knew she didn't like him.*
nothing ['nʌθɪŋ]	nichts	*There's nothing I can do for you.*
(to) **move** [muːv]	umziehen	*When I was a child, we often moved houses.*
downstairs [ˌdaʊn'steəz]	(nach) unten	*Let's go downstairs to the bathroom.*
basement ['beɪsmənt]	Untergeschoss	
(to) **need** [niːd]	brauchen	*I need help!*
tomorrow [tə'mɒrəʊ]	morgen	*See you tomorrow.*

Magazine

small [smɔːl]	klein	*I live in a small house.*
village ['vɪlɪdʒ]	Dorf	*Do you live in a small village or a big town?*
young [jʌŋ]	jung	

(to) **have a good time** [həv ə gʊd 'taɪm]	sich amüsieren, viel Spaß haben	*We had a good time at the party.*
for the first time	zum ersten Mal	
Who did you go out with?	Mit wem warst du weg?	
city centre [ˌsɪti 'sentə]	Stadtzentrum	*Let's meet in the city centre.*
transport ['trænspɔːt]	öffentliche Verkehrsmittel; Transport	
topic ['tɒpɪk]	Thema	*There's a lot to say about about the topic of travelling.*
meaning ['miːnɪŋ]	Bedeutung, Sinn	
dictionary ['dɪkʃənri]	Wörterbuch	*Check new words in your dictionary.*

platform ['plætfɔːm]	Gleis, Bahnsteig	**bus lane** ['bʌs leɪn]	Busspur
check-in desk ['tʃekɪn desk]	Abfertigungsschalter	**carriage** ['kærɪdʒ]	Wagen *(eines Zuges)*
cabin ['kæbɪn]	Kabine	**waiting room** ['weɪtɪŋ ruːm]	Warteraum
pilot ['paɪlət]	Pilot/in	**rickshaw** ['rɪkʃɔː]	Rikscha
railway ['reɪlweɪ]	Bahn, Eisenbahn	**cycle rickshaw** ['saɪkl ˌrɪkʃɔː]	Fahrradrikscha
gate [geɪt]	Flugsteig	**camel** ['kæml]	Kamel
departure lounge [dɪ'pɑːtʃə laʊndʒ]	Abflughalle, Warteraum	**ski** [skiː]	Ski
bus shelter ['bʌs ʃeltə]	Bushäuschen	**tuk tuk** ['tʊk tʊk]	motorisierte Rikscha
double-decker [ˌdʌbl 'dekə]	Doppeldeckerbus	(to) **ride** [raɪd]	(Fahrrad, Rikscha oder Motorrad) fahren
duty-free shop [ˌduːti 'friː ʃɒp]	Duty-free-Shop		

history ['hɪstri]	Geschichte
BC [ˌbiː 'siː]	*Abkürzung von* before Christ, vor Christus

Have a great time! — *Viel Spaß!*

Thanks, same to you! — *Danke gleichfalls!*

UNIT 8

Focus 1

season ['si:zn]	Jahreszeit	*There are four seasons in the year.*
(to) **land** [lænd]	landen	*Aldrin and Armstrong landed on the moon in 1969.*
moon [mu:n]	Mond	
(to) **win, won** [wɪn], [wʌn]	gewinnen	*Germany won the World Cup.*
wall [wɔ:l]	Wand, Mauer	*The Berlin wall came down in 1989.*
(to) **introduce** [ˌɪntrə'dju:s]	einführen	
euro ['jʊərəʊ]	Euro	
event [ɪ'vent]	Ereignis	*What events do you remember?*
special ['speʃl]	besondere/r/s	*The 8th May is a special day for me.*
missing ['mɪsɪŋ]	fehlend	*Fill in the missing letters.*
(to) **belong to** [bɪ'lɒŋ tə]	zu etwas gehören, jdm gehören	*This book belongs to me.*
spring [sprɪŋ]	Frühling	*What do you do in spring?*
autumn ['ɔ:təm]	Herbst	*I love autumn.*

Achtung, im Englischen fiel die Mauer nicht, sie kam herunter.

January ['dʒænjuəri]	Januar	**July** [dʒu'laɪ]	Juli
February ['februəri]	Februar	**August** ['ɔ:gəst]	August
March [mɑ:tʃ]	März	**September** [sep'tembə]	September
April ['eɪprəl]	April	**October** [ɒk'təʊbə]	Oktober
May [meɪ]	Mai	**November** [nəʊ'vembə]	November
June [dʒu:n]	Juni	**December** [dɪ'sembə]	Dezember

first [fɜːst]	erste/r/s	**ninth** [naɪnθ]	neunte/r/s
second ['sekənd]	zweite/r/s	**tenth** [tenθ]	zehnte/r/s
third [θɜːd]	dritte/r/s	**eleventh** [ɪ'levnθ]	elfte/r/s
fourth [fɔːθ]	vierte/r/s	**twelfth** [twelfθ]	zwölfte/r/s
fifth [fɪfθ]	fünfte/r/s	**thirteenth** [ˌθɜː'tiːnθ]	dreizehnte/r/s
sixth [sɪksθ]	sechst/r/s	**fourteenth** [ˌfɔː'tiːnθ]	vierzehnte/r/s
seventh ['sevnθ]	siebente/r/s	**fifteenth** [ˌfɪf'tiːnθ]	fünfzehnte/r/s
eighth [eɪtθ]	achte/r/s	**twenty-first** [ˌtwenti 'fɜːst]	einundzwanzigste/r/s

main [meɪn]	Haupt-	*Her main interests are languages.*
stress [stres]	Betonung	*Listen for the main stress.*
(to) **show** [ʃəʊ]	zeigen, darstellen	*Could you show me how to do this?*
calendar ['kælɪndə]	Kalender	
When is your birthday?	Wann haben Sie / hast du Geburtstag?	
It's my birthday on …	Ich habe am … Geburtstag.	
What month is your birthday?	In welchem Monat haben Sie / hast du Geburtstag?	
What date is your birthday?	An welchem Datum haben Sie / hast du Geburtstag?	
nobody ['nəʊbədi]	niemand	*It's nobody's birthday in June.*

Focus 2

good wishes [gʊd 'wɪʃɪz]	Glückwünsche	
sick *(AE)* [sɪk]	krank	(!) sick (AE) ill (BE)
better ['betə]	besser	
I'm afraid … [aɪm ə'freɪd]	leider	*I'm afraid we're closed today.*
private ['praɪvət]	privat	*We have a private party.*
What kind of … ?	Was für ein/e … ?	*What kind of party?*

(to) **come in** [ˌkʌm 'in]	vorbeischauen	*You didn't come in last week.*
lovely ['lʌvli]	schön, hübsch, herrlich	*You look lovely!*
voice [vɔɪs]	Stimme	*She has a lovely voice.*

What can you say when somebody is ill

What's the matter?	Was ist los (mit Ihnen/dir)?
Oh dear! I'm sorry.	Oje! Das tut mir leid.
I'm much better now, thanks.	Danke, mir geht's jetzt (wieder) viel besser.
I'm all right.	Mir geht es gut.
I'm not very well.	Ich fühle mich nicht sehr gut.
I'm sorry to hear that you're ill.	Es tut mir leid zu hören, dass Sie krank sind / du krank bist.
I'm OK again.	Mir geht es wieder gut.

TRANSCRIPT

response [rɪ'spɒns]	Antwort, Reaktion	
(to) **take place** [teɪk 'pleɪs]	stattfinden	*The festival takes place in Brighton.*
zero ['zɪərəʊ]	Null	
over there [ˌəʊvə 'ðeə]	da (drüben), dort (drüben)	*Is that Steve over there?*
system ['sɪstəm]	System	
…, isn't it? ['ɪznt ɪt]	…, nicht wahr?	*It's a great party, isn't it?*
athletic [æθ'letɪk]	sportlich	

Good wishes

Happy New Year!	Glückliches Neues Jahr!
Thanks, and to you.	Danke gleichfalls.
Merry Christmas!	Frohe Weihnachten!
Thanks, and the same to you.	Danke gleichfalls.
Best wishes!	Alles Gute!
Good luck!	Viel Glück!

Focus 3

keep, kept [ki:p], [kept]	behalten	*Keep your lists.*

place [pleɪs]	Stelle, Platz, Ort	**wilderness** ['wɪldənəs]	Wildnis
a good place to go on holiday	ein guter Urlaubsort	**package holiday** ['pækɪdʒ hɒlədeɪ]	Pauschalreise
(to) **go on holiday**	in den Urlaub fahren	**skiing** ['ski:ɪŋ]	Skilaufen
sea [si:]	das Meer	**souvenir** [ˌsu:və'nɪə]	Andenken, Souvenir
by the sea [ˌbaɪ ðə 'si:]	am Meer, an der See	**countryside** ['kʌntrisaɪd]	Landschaft
mountain ['maʊntən]	Berg	**cross-country** [ˌkrɒs 'kʌntri]	Langlauf-
sun [sʌn]	Sonne	**barbecue** ['bɑ:bɪkju:]	Grillparty
flat *(BE)* [flæt]	Wohnung	(to) **lie, lay** [lai], [leɪ]	liegen
caravan ['kærəvən]	Wohnwagen	**beach** [bi:tʃ]	Strand
camping ['kæmpɪŋ]	Zelten, Camping		

(to) **go sightseeing** [gəʊ 'saɪtsi:ɪŋ]	Sehenswürdigkeiten besuchen	*We went sightseeing last summer.*
(to) **go walking** [gəʊ 'wɔ:kɪŋ]	wandern	
(to) **have a barbecue** [həv ə 'bɑ:bɪkju:]	grillen	
(to) **lie on the beach**	am Strand liegen	*On our holiday last year we just lay on the beach every day.*
(to) **relax** [rɪ'læks]	(sich) entspannen	*I usually relax at the weekend.*
(to) **do nothing** [ˌdu: 'nʌθɪŋ]	nichts tun	*On holiday I want to relax and do nothing.*
(to) **sit, sat** [sɪt], [sæt]	sitzen	*I like sitting in cafés.*
(to) **spend money** [spend 'mʌni]	Geld ausgeben	*I spent a lot of money on my last holiday.*
(to) **visit sb** ['vɪzɪt]	jdn besuchen	
relative ['relətɪv]	Verwandte/r	*We visit relatives at Christmas.*
spent [spent]	*Vergangenheitsform von* spend	*I spent so much money last week.*
bought [bɔ:t]	*Vergangenheitsform von* buy	*I bought so many nice things for my children.*

active ['æktɪv]	aktiv	*We got up late yesterday. We weren't very active.*
weather ['weðə]	Wetter	*The weather was bad.*
also ['ɔːlsəʊ]	auch	*I like holidays but I also like staying at home.*
chose [tʃəʊz]	*Vergangenheitsform von* choose	
rain [reɪn]	Regen	*Did you have a lot of rain on holiday?*
not long ago	vor kurzem	
(to) **discuss** [dɪ'skʌs]	besprechen, diskutieren	*We discussed the problem.*

Story

argument ['ɑːgjumənt]	Streit, Auseinandersetzung	*Ben often has arguments with his boss.*
enough [ɪ'nʌf]	ausreichend, genug	
cardboard box ['kɑːdbɔːd bɒks]	Pappkarton	*I packed all my things into cardboard boxes.*
(to) **march** [mɑːtʃ]	marschieren	*He marched into the office.*
desk [desk]	Schreibtisch	
left [left]	*Vergangenheitsform von* leave	*He left the office.*
old [əʊld]	alt	*Ben went back into his old office.*
one more time	noch einmal	*Play it one more time, please.*
building ['bɪldɪŋ]	Gebäude	*She went into the building.*
without [wɪ'ðaʊt]	ohne	*I'm without a car for the weekend.*
plan [plæn]	Plan	*He has many plans for the weekend.*

Magazine

New Year's Eve [ˌnjuː jɪəz 'iːv]	Silvester	*Most people drink a lot on New Year's Eve.*
canal trip [kə'næl trɪp]	Kanalfahrt	*She went on a canal trip.*
alone [ə'ləʊn]	allein(e)	*Do you sometimes go on holiday alone?*
tent [tent]	Zelt	*We stayed in a tent on the beach.*

TRANSCRIPT

stay [steɪ]	Aufenthalt	*We enjoyed our wonderful stay in a small Austrian village.*
daytime ['deɪtaɪm]	tagsüber	
traditional [trə'dɪʃənl]	traditionell	*Do you like traditional German food?*
(to) **end** [end]	beenden; enden	*How did the story end?*
surprise [sə'praɪz]	Überraschung	*What a surprise to see you.*
visit ['vɪzɪt]	Besuch	
supermarket ['su:pəmɑ:kɪt]	Supermarkt	*I don't go to the supermarket on Saturdays.*
navigation system [nævɪ'geɪʃn ˌsɪstəm]	Navigationssystem	*Does your car have a navigation system?*
door [dɔ:]	Tür	*Close the door and come in!*
store *(AE)* [stɔ:]	Geschäft, Warenhaus	
only ['əʊnli]	erst	*My son is only ten but he can speak English.*
(to) **come to a stop**	zum Stillstand kommen	
war [wɔ:]	Krieg	
war veteran [wɔ: 'vetərən]	Kriegsveteran	
(to) **crash** [kræʃ]	aufprallen, zusammenstoßen	
police [pə'li:s]	Polizei	
automatic [ˌɔ:tə'mætɪk]	automatisch	
box [bɒks]	Schachtel	
to take sb somewhere	jdn mitnehmen/ wohinbringen	*The police took him to the police station.*
police station [pə'li:s steɪʃn]	Polizeiwache, -revier	
will [wɪl]	werden	*The words in the box will help you.*
cliff [klɪf]	Klippe, Felsen	*We went for a walk along the cliffs.*
(to) **build, built** [bɪld], [bɪlt]	bauen	
sandcastle ['sændkɑ:sl]	Sandburg	

(!) *Police* ist immer Plural im Englischen: *The police are here.*

(to) **rain** [reɪn]	regnen	
(to) **sunbathe** ['sʌnbeɪð]	sonnenbaden, in der Sonne liegen	
back [bæk]	Rücken	
(to) **play cards** [ˌpleɪ 'kɑːdz]	Karten spielen	*We played cards all day long.*
lobster ['lɒbstə]	Hummer	
sunny ['sʌni]	sonnig	*It's a sunny day.*
dear [dɪə]	liebe/r	*"Dear Sarah, Thank you for your letter …"*
(to) **go for walks** [gəʊ fə 'wɔːks]	spazieren gehen, wandern	*We went for a walk on the beach.*
along [ə'lɒŋ]	entlang	
(to) get, got [get] [gɒt]	werden	*After a day at the beach I get really hungry.*
wet [wet]	nass, feucht	*It rained a lot. Now it's wet outside.*
wish [wɪʃ]	wünschen	*Wish you were here.*
Love, … [lʌv]	Alles Liebe, …	*See you soon. Love, Lucy.*
carry ['kæri]	tragen	*I'll carry this box for you.*
championship ['tʃæmpiənʃɪp]	Meisterschaft	
dragon ['drægən]	Drache	
boat [bəʊt]	Boot, Schiff	

Have a good trip! — *Gute Reise!*

Thanks. I'm sure I will. — *Danke. Die werde ich sicherlich haben.*

UNIT 9

Focus 1

hot [hɒt]	heiß	*It's usually hot in the Sahara.*
cold [kəʊld]	kalt	*Would you like a cold drink?*
snow [snəʊ]	Schnee	*Do you have a lot of snow in Finland?*
spring [sprɪŋ]	Quelle	*spring water = mineral water*
metre ['miːtə]	Meter	
high [haɪ]	hoch	*How high is Everest? – 8,848m.*
national park [ˌnæʃnəl 'pɑːk]	Nationalpark	
leopard ['lepəd]	Leopard	
elephant ['elɪfənt]	Elefant	
wild animals [waɪld 'ænɪmlz]	Wildtiere	*Some wild animals live in national parks.*
south of ['sauθ əv]	südlich von	*Munich is south of Frankfurt.*
equator [ɪ'kweɪtə]	Äquator	
north [nɔːθ]	Norden; Nord-	*the North Sea, the North Pole*
south [sauθ]	Süden; Süd-	*Hastings is in the south of England.*
east [iːst]	Osten; Ost-	*Dresden is in east Germany.*
west [west]	Westen; West-	*Düsseldorf is in west Germany.*
dry [draɪ]	trocken	*We need rain. The garden is so dry.*
south-east [ˌsaʊθ 'iːst]	Südosten; Südost-	*In the south-east there are mountains.*
there are [ðeə 'rɑː]	es gibt	*There are a lot of lakes in Berlin.*
(to) **ski** [skiː]	Ski fahren	
rich [rɪtʃ]	reich, wohlhabend	*I don't know many rich people.*
modern ['mɒdn]	modern	

worst [wɜːst]	*Superlativ von* bad, schlechteste/r/s	*What was your best and your worst holiday?*
(to) **go skiing** [ˌgəʊ 'skiːɪŋ]	Ski fahren	*Do you go skiing in winter?*
sauna ['sɔːnə]	Sauna	
temperature ['temprətʃə]	Temperatur	*What's the temperature today?*
minus ['maɪnəs]	minus	
Celsius ['selsiəs]	Celsius	*The temperature is minus 10° Celsius.*
warm [wɔːm]	warm	*a nice warm bed*
river ['rɪvə]	Fluss	*the River Rhine, the River Thames*
world-famous [ˌwɜːld 'feɪməs]	weltberühmt	*The Oktoberfest is world-famous.*
famous ['feɪməs]	berühmt	*Who doesn't want to be rich and famous?*
girl [gɜːl]	Mädchen	*The girl in the photo is her granddaughter.*
million ['mɪljən]	Million	*a million dollars*
map [mæp]	(Land-)Karte	*I don't know the way. Do we have a map?*

Auf den Seiten 80–81 finden Sie eine Liste mit geographischen Begriffen.

factfile ['fæktfaɪl]	Faktenübersicht	
large [lɑːdʒ]	groß	*Russia is a large country.*
times [taɪmz]	-mal; mal	*She is ten times as interesting as he is.*
desert ['dezət]	Wüste	*The Sahara is the world's largest desert.*
(to) **reach** [riːtʃ]	erreichen	*Sorry, but your mail never reached me.*
interesting ['ɪntrəstɪŋ]	interessant	*Is your job interesting?*
capital ['kæpɪtl]	Hauptstadt	*Cairo is the capital of Egypt.*
population [ˌpɒpju'leɪʃn]	Einwohner(zahl)	*What is the population of Germany?*
comparison [kəm'pærɪsn]	Vergleich	
worse [wɜːs]	*Komparativ von* bad schlechter	*What is worse: no money, or no time?*

cheap [tʃiːp]	billig, günstig	*I got a cheap flight. It was only 29 euros.*
false [fɔːls]	falsch	*Is the answer true or false?*

Focus 2

hometown [ˌhəʊm'taʊn]	Heimatort	*Bonn is my hometown. I was born there.*
called [kɔːld]	namens, genannt	*I come from a town called Remagen.*
exactly [ɪg'zæktli]	genau	*Where is that exactly? – Near Bonn.*
cathedral [kə'θiːdrəl]	Dom, Kathedrale	*Cologne Cathedral*
old [əʊld]	alt	*How old are you? – 29.*
bridge [brɪdʒ]	Brücke	*the Golden Gate Bridge*
(to) **sound** [saʊnd]	klingen	*That sounds good.*
any ['eni]	*wird oft nicht übersetzt,* irgendwelche; etwas	*Are there any mountains in Germany?*
nearby [ˌnɪə'baɪ]	in der Nähe	*Is there an airport nearby?*
not any [nɒt 'eni]	kein/e	*There aren't any flowers in our classroom.*
except [ɪk'sept]	außer	*I'm free every day except Wednesday.*
museum [mju'ziːəm]	Museum	
historic building [hɪˌstɒrɪk 'bɪldɪŋ]	historisches Gebäude	*Are there any historic buildings in your town?*
university [ˌjuːnɪ'vɜːsəti]	Universität	
club [klʌb]	Klub, Verein	*a football club, a tennis club*
local ['ləʊkl]	lokal, einheimisch	*local radio*
well-known [ˌwel 'nəʊn]	sehr bekannt, berühmt	*Siemens is a well-known company.*
wine tavern ['waɪn ˌtævən]	Weinschänke	
festival ['festɪvl]	Festival, Fest(spiele)	*a jazz festival*
(to) **collect** [kə'lekt]	sammeln	*He collects coins.*
whole [həul]	ganz	*Isn't it wonderful? Two whole weeks away!*

tourist office ['tʊərɪst ɒfɪs]	Touristeninformation	*Get a list of hotels from the tourist office.*
material ['mə'tɪəriəl]	Material	
paper ['peɪpə]	Papier	
scissors ['sɪzəz]	Schere	
glue [glu:]	Klebstoff	
should [ʃəd]	sollte/st/n	*You should stop smoking.*

(!) Scissors ist immer Plural: Where are the scissors? Wo ist die Schere?

Planning

What shall we do?	Was sollen wir tun?
Will you ..., please?	Würden Sie / Würdest du bitte ...
How about ... ?	Wie wäre es mit ... ?
That's a good idea!	Das ist eine gute Idee!
No, I think ... is better.	Nein, ich glaube, ... ist besser.

Focus 3

life history [laɪf 'hɪstri]	Lebensgeschichte	
(to) **grow up, grew up** [ˌgrəʊ 'ʌp], [ˌgru: 'ʌp]	aufwachsen	*Where did you grow up? – In Poland.*
grandparents ['grænpeərənts]	Großeltern	*Which grandparents? – My mother's parents.*
great-grandparents [ˌgreɪt 'grænpeərənts]	Urgroßeltern	
timeline ['taɪmlaɪn]	Zeitachse	
(to) **come back from abroad**	aus dem Ausland zurückkommen	*She came back from abroad in 2007.*
(to) **die** [daɪ]	sterben	*My grandfather died last year. He was 88.*
(to) **get married** [get 'mærid]	heiraten	*I don't want to get married in church.*
(to) **go abroad** [gəʊ ə'brɔ:d]	ins Ausland gehen/fahren	*Many people go abroad to study.*
(to) **have children** [həv 'tʃɪldrən]	Kinder kriegen	
(to) **leave school** [li:v 'sku:l]	von der Schule abgehen	
(to) **retire** [rɪ'taɪə]	in Rente/Pension gehen	

(!) have children ~~become children~~

(to) **serve as a soldier** [ˌsɜːv əz ə 'səʊldʒə]	als Soldat dienen	
grandmother ['grænmʌðə]	Großmutter	*She's not my mother, she's my grandmother!*
(to) **contact** ['kɒntækt]	sich in Verbindung setzen mit	*Please contact me again if there are problems.*
grandfather ['grænfɑːðə]	Großvater	*My grandfather died last year.*
great-grandfather [ˌgreɪt 'grænfɑːðə]	Urgroßvater	
(to) **lead, led** [liːd], [led]	führen	*You lead such an interesting life.*
such (a) [sʌtʃ ə]	so(lch) ein	! such an interesting life ~~so an interesting life~~
little ['lɪtl]	klein; wenig	
(to) **emigrate** ['emɪgreɪt]	auswandern	
far [fɑː]	weit (entfernt)	*How far is it? – 20 kilometres.*
already [ɔːl'redi]	schon	*Is it six o'clock already?*
great-grandmother [ˌgreɪt 'grænmʌðə]	Urgroßmutter	*Wow, the baby has 2 great-grandmothers.*
(to) **leave, left** [liːv], [left]	verlassen	*Henry left England in 1909.*
on your own [ɒn jɔːr 'əʊn]	(ganz) allein	*He likes living on his own.*
still [stɪl]	immer noch	*Do you still love him?*
letter ['letə]	Brief	*She wrote him a letter last week.*
snowstorm ['snəʊstɔːm]	Schneesturm	
coyote [kaɪ'əʊti]	Kojote, Präriewolf	
(to) **shoot, shot** [ʃuːt], [ʃɒt]	schießen	
First World War [ˌfɜːst wɜːld 'wɔː]	*auch* World War One, Erster Weltkrieg	
(to) **get the job of**	die Stelle als ... bekommen	*Henry got the job as manager.*
manager ['mænɪdʒə]	Geschäftsführer/in	
phase [feɪz]	Phase, Abschnitt	*You go through different phases in your life.*
schoolfriend ['skuːlfrend]	Schulfreund/in	*Tanja is an old schoolfriend.*

ex- [eks]	ehemalig, ex-	*an ex-husband, ex-wife, ex-neighbour*
symbol [ˌsɪmbl]	Symbol	*There are many symbols of love.*
relation [rɪ'leɪʃn]	Beziehung	

Story

seminar ['semɪnɑː]	Seminar, Fachtagung	
a number of [ə 'nʌmbər əv]	eine Reihe von	*They asked me a number of questions.*
organization [ˌɔːgənaɪ'zeɪʃn]	Organisation	*The UN is an international organization.*
heard [hɜːd]	*Vergangenheitsform von* hear	*I heard about your new job.*
(to) **hear a rumour** [hɪər ə 'ruːmə]	ein Gerücht hören	
takeover ['teɪkəʊvə]	Übernahme, Fusion	*Tara heard a rumour of a takeover.*
not anything [nɒt 'eniθɪŋ]	nichts	*not anything = nothing*
thought [θɔːt]	*Vergangenheitsform von* think	*I thought I heard the phone.*
(to) **be worried** [bi 'wʌrid]	besorgt/beunruhigt sein	*(to) be worried = (to) worry*
note [nəʊt]	Notiz	*Write a short note, not a long letter.*
(I) Might be late home.	Könnte sein, dass ich spät nach Hause komme.	*I might be late home this evening.*
Don't wait up for me.	Du brauchst nicht aufzubleiben.	*Go to bed. Don't wait up for me.*

Magazine

popular ['pɒpjələ]	beliebt, populär	*Football is very popular in England.*
handball ['hændbɔːl]	Handball	*Handball is not as popular as football.*
second class ticket [ˌsekənd klɑːs 'tɪkɪt]	Fahrkarte für die Zweite Klasse	
first class ticket [ˌfɜːst klɑːs 'tɪkɪt]	Fahrkarte für die Erste Klasse	
mile [maɪl]	Meile	*Oh dear! This is miles from home!*
noisy ['nɔɪzi]	laut, lärmend	*Our neighbours are very noisy.*

TRANSCRIPT

main road [meɪn 'rəʊd]	Hauptstraße	
through [θruː]	durch	*She came through the door and looked at me.*
playground ['pleɪgraʊnd]	Spielplatz	*Many big cities don't have enough playgrounds.*
twentysomething [ˌtwenti'sʌmθɪŋ]	jemand in den Zwanzigern	*Berlin is a city for twentysomethings.*
sights [saɪts]	Sehenswürdigkeiten	
visitor ['vɪzɪtə]	Besucher/in	
topic ['tɒpɪk]	Thema	*What's the topic of the next unit?*
(to) **happen** ['hæpən]	passieren	*What happened?*
anything ['eniθɪŋ]	irgendetwas	*Is there anything I can do for you?*
anything like that	etwas dergleichen	
tired ['taɪəd]	müde	
next door [nekst 'dɔː]	nebenan	
Worse was to come.	Schlimmeres stand noch bevor.	
key [kiː]	Schlüssel	*I couldn't find my keys.*
suitcase, case ['suːtkeɪs]	Koffer	
(to) **try** [traɪ]	versuchen	
(to) **open** ['əʊpən]	öffnen	*Open the window, please.*
carefully ['keəfli]	sorgfältig	*I opened the bag carefully.*
(to) **believe** [bɪ'liːv]	glauben	*Can you believe it?*
anyone ['eniwʌn]	irgendjemand	*Can anyone hear me?*
anywhere ['eniweə]	irgendwo	*I couldn't see anyone anywhere.*
gallon ['gælən]	Gallone	
attraction [ə'trækʃn]	Attraktion	
point [pɔɪnt]	Punkt	

! gallon
4,5 Liter in GB,
3,8 Liter in den USA

busy ['bɪzi]	betriebsam	*It was so busy at the airport.*
(to) **host** [həʊst]	veranstalten, ausrichten	*Cannes hosts a famous film festival.*
low [ləʊ]	niedrig	
fair [feə]	Messe	
symphony orchestra [ˌsɪmfəni 'ɔːkɪstrə]	Sinfonieorchester	

Lucky you! — *Sie/Du Glückliche/r!*

UNIT 10

Focus 1

time of day [ˌtaɪm əv 'deɪ]	Tageszeit	*What's your best time of day: morning or evening?*

colour *(BE)*, **color** *(AE)* ['kʌlə]	Farbe	**purple** ['pɜːpl]	lila
black [blæk]	schwarz	**blue** [bluː]	blau
brown [braʊn]	braun	**green** [griːn]	grün
orange ['ɒrɪndʒ]	orange	**grey** [greɪ]	grau
yellow ['jeləʊ]	gelb	**white** [waɪt]	weiß
red [red]	rot	**turquoise** ['tɜːkwɔɪz]	türkis
pink [pɪŋk]	pink, rosa		

(to) **feel, felt** [fiːl], [felt]	(sich) fühlen	*How do you feel? – Great!*
(to) **smell, smelt** [smel], [smelt]	riechen	*Mmh, the dinner smells good.*
(to) **taste** [teɪst]	schmecken	*Mmh, the tea tastes lovely.*
saxophone ['sæksəfəʊn]	Saxophon	
at all [ət 'ɔːl]	überhaupt	*Do you like hip hop at all?*
a definite yes [ə ˌdefɪnət 'jes]	ein definitives Ja	*I can't give you a definite yes today.*
cello ['tʃeləʊ]	Cello	*My son plays the cello.*
dark [dɑːk]	dunkel	*dark green*
bright [braɪt]	hell	*bright yellow*
us [ʌs]	uns	*We're tired. Can you take us home?*
(for) most of us	(für) die meisten von uns	*For most of us, a colour is something we see.*
eye [aɪ]	Auge	*Our cat has green eyes.*
concrete ['kɒŋkriːt]	konkret	
sound [saʊnd]	Laut, Klang	*I heard a sound from outside.*
ear [ɪə]	Ohr	
even ['iːvn]	sogar	*It's cold there, even in summer.*
tongue [tʌŋ]	Zunge	
mixture ['mɪkstʃə]	Mischung	*a mixture of old and new buildings*
nose [nəʊz]	Nase	
perfume ['pɜːfjuːm]	Parfüm	*Your perfume smells really nice.*
tonight [tə'naɪt]	heute Abend/Nacht	*I can't come tonight, but I could come tomorrow.*
(to) think of sth/sb ['θɪŋk əv]	an etwas/jdn denken	*I often think of you.*
recording [rɪ'kɔːdɪŋ]	Aufnahme, Aufzeichnung	
sad [sæd]	traurig	*What a sad song.*

lively ['laɪvli]	lebendig, lebhaft	*a very lively child*
calm [kɑːm]	ruhig, gelassen	*She is a very relaxed and calm person.*
light [laɪt]	hell	*light blue*
somehow ['sʌmhaʊ]	irgendwie	*This piece (of music) sounds somehow sad.*

Focus 2

characteristics [ˌkærəktə'rɪstɪks]	(typische) Merkmale, Eigenschaften	
(to) **describe** [dɪ'skraɪb]	beschreiben	*Can you describe your teacher?*
situation [ˌsɪtʃu'eɪʃn]	Situation, Lage	*What would you do in my situation?*
easy-going [ˌiːzi 'gəʊɪŋ]	unkompliziert	*She's an easy-going person.*
serious ['sɪəriəs]	ernst(haft)	
(to) **be lucky** [bi 'lʌki]	Glück haben	(!) Ich bin glücklich. = I'm happy. ~~I'm lucky.~~
musical ['mjuːzɪkl]	musikalisch	
organized ['ɔːgənaɪzd]	gut organisiert	*Is Ben an organized person?*
funny ['fʌni]	komisch, lustig	*Do you like Mr Bean? – Yes, he's very funny.*
quiet ['kwaɪət]	still, ruhig	*My brother is a very quiet person.*
(to) **be unlucky** [bi ʌn'lʌki]	Pech haben	(!) Ich bin so unglücklich. = I'm so unhappy. ~~I'm unlucky.~~
a morning person	kein Morgenmuffel	
arrogant ['ærəgənt]	überheblich, arrogant	
macho ['mætʃəʊ]	Macho	
dynamic [daɪ'næmɪk]	dynamisch	

Discussing and conversation

I don't think …	Ich glaube nicht, dass …
For me …	Für mich …
Do you think so?	Meinen/Glauben Sie?
She's/He's more interesting than …	Sie/Er ist interessanter als …

man, men [mæn], [men]	Mann, Männer	
(to) **wait** [weɪt]	warten	
Wait a minute.	Warten Sie. / Warte mal.	
God [gɒd]	Gott	
soap opera ['səʊp ɒprə]	Seifenoper, TV-Serie	*My favourite soap opera is Lindenstraße.*
(to) **spend free time**	Freizeit verbringen	*How do you spend your free time?*
classical music [ˌklæsɪkl 'mju:zɪk]	klassische Musik, Klassik	*They enjoy listening to classical music.*
pop music ['pɒp mju:zɪk]	Popmusik, Schlager	
(to) **have (sth) in common** [ɪn 'kɒmən]	etwas gemeinsam haben	*We have a lot of things in common.*
neither ... nor ... [ˌnaɪðə nɔ:]	weder ... noch ...	*Neither Sue nor Jo likes sport.*

!

Das ist mein Mann =
This is my husband.
~~This is my man.~~

Focus 3

telephoning ['telɪfəʊnɪŋ]	Telefonieren	
per day/hour/week [pə 'deɪ, 'aʊə, 'wi:k]	pro Tag/Stunde/Woche	*How many texts do you send per day?*
(to) **need** [ni:d]	brauchen, benötigen	*I'm so stressed. I need a holiday.*
business partner ['bɪznəs pɑ:tnə]	Geschäftspartner/in	*Ben needs new business partners.*
alternative [ɔ:l'tɜ:nətɪv]	alternativ	
travel company ['trævl kʌmpəni]	Reiseunternehmen	
sales [seɪlz]	Vertrieb, Verkauf	
sales manager ['seɪlz mænɪdʒə]	Verkaufsleiter/in	*She's the sales manager for a big company.*
I see. [aɪ 'si:]	Ich verstehe. / Ach so.	*Paco is in a meeting. – I see.*
line [laɪn]	(Telefon-)Leitung	*Can you hear me? – I'm sorry, there was a problem with the line.*
It's all right.	Ist schon in Ordnung/gut.	*It's all right. = It's OK.*
(to) **call** [kɔ:l]	anrufen	*I'll call back later.*

above [ə'bʌv]	oben, obig	
(to) **dial** ['daɪəl]	wählen	*He dialled the wrong number.*
sports centre ['spɔːts sentə]	Sportzentrum	
You're welcome.	Gern geschehen.	*Thank you. – You're welcome.*
(to) **be at lunch** [bi ət 'lʌntʃ]	beim Mittagessen / zu Tisch sein	*I'm sorry she's not in the office. She's at lunch.*

First contact

Beginn eines Telefongesprächs / Sie möchten mit jemandem sprechen:

This is (Ben Murphy) in (London).	Hier ist (Ben Murphy) in (London).
Hello, is that (Paco)?	Hallo, ist dort (Paco)?
Can I speak to (Paco), please?	Kann ich bitte (mit) (Paco) sprechen?
I'd like to speak to (Paco), please.	Ich möchte bitte (mit) (Paco) sprechen.

Sie reagieren auf einen Anruf:

How can I help you?	Wie kann ich Ihnen helfen?
Just a moment, please.	Einen Augenblick, bitte.
I'm afraid (Paco) is not here.	(Paco) ist leider nicht da.

Bei Funkproblemen und gestörten Leitungen:

Hello? Can you hear me?	Hallo? Können Sie mich hören?
Hello? Are you still there?	Hallo? Sind Sie noch dran?
I'm sorry, there was a problem with the line.	Es tut mir leid, die Leitung war gestört.

Der gewünschte Gesprächspartner ist nicht erreichbar:

Can I take a message?	Kann ich etwas ausrichten?
Do you want to leave a message?	Möchten Sie eine Nachricht hinterlassen?
I'll call back later.	Ich rufe später zurück.
I'll tell him/her you called.	Ich sage ihm/ihr, dass Sie angerufen haben.
I'll give him/her your message.	Ich leite Ihre Nachricht an ihn/sie weiter.

Focus 4

rule [ruːl]	Regel	*the rules of a game*
shape [ʃeɪp]	Form	
(to) reply [rɪ'plaɪ]	antworten	*Reply to what the person says.*
at the top	oben	
queue [kjuː]	(Warte-)Schlange	*There was a long queue of people.*
view [vjuː]	Ausblick, -sicht	*The view is wonderful today, isn't it?*

At the airport I

Meeting someone

How are you?	Wie geht es Ihnen/dir?
Fine, thanks.	Danke, gut.
Nice to meet you (too).	Schön, Sie/dich zu treffen.
How was your flight?	Wie war Ihr/dein Flug?

Saying goodbye

It was nice meeting you.	Es war schön, Sie/dich zu treffen.
Enjoy your trip.	Gute Reise.
Have a good flight.	Guten Flug.
I hope to see you again soon.	Hoffentlich sehe ich Sie/dich bald wieder.

flight attendant [ˌflaɪt ə'tendənt]	Flugbegleiter/in	*Most flight attendants smile a lot.*
baggage hall ['bægɪdʒ hɔːl]	Gepäckhalle	*Tara collected her bag from the baggage hall.*

At the airport II

Have a nice flight.	Ich wünsche Ihnen/dir einen guten Flug.
It was nice to see you again.	Es war schön, Sie/dich mal wieder zu sehen.
Why was the plane late?	Wieso hatte das Flugzeug Verspätung?
Great, thanks.	Hervorragend, danke.
The plane was only half full.	Das Flugzeug war nur halb voll.
Let me take your bag.	Lassen Sie mich Ihre / Lass mich deine Tasche nehmen.
Welcome to …	Willkommen in …

Story

round-up ['raʊndʌp]	Zusammenfassung	*a round-up of the latest news*
contest ['kɒntest]	Wettkampf	*Lucy won a singing contest.*
teamwork ['tiːmwɜːk]	Teamarbeit	*Great teamwork!*
cooperation [kəʊˌɒpə'reɪʃn]	Zusammenarbeit	
project ['prɒdʒekt]	Projekt	*We work together on a big project.*
agent ['eɪdʒənt]	Vertreter/in	
soon [suːn]	bald	*See you soon!*
teammate ['tiːmmeɪt]	Teammitglied	*She's my teammate.*
under ['ʌndə]	unter	
few [fjuː]	wenig(e), (ein) paar	*I was ill for the last few days.*
unusually [ʌn'juːʒəli]	ungewöhnlich(erweise)	
(to) **confront** [kən'frʌnt]	konfrontieren	*The reporter confronted the politician with the problem.*
(to) **admit** [əd'mɪt]	zugeben, (ein)gestehen	*Admit it. You have a problem.*
(to) **have an affair** [həv ən ə'feə]	ein Verhältnis haben	*Steve admitted having an affair.*
(to) **move out** [ˌmuːv 'aʊt]	ausziehen	*He moved out of their old flat.*
bad news [bæd 'njuːz]	schlechte Nachrichten	*You're ill? That's bad news.*

Magazine

On the phone again

This is ... speaking.	Hier spricht ...
Hold on.	Bleiben Sie / Bleib dran.
I'll connect you.	Ich verbinde (Sie).
That's a pity!	Das ist schade!
certainly	sicherlich, selbstverständlich
What shall I tell her/him?	Was soll ich ihr/ihm sagen?
I'll see that she/he gets the message.	Ich sorge dafür, dass sie/er die Nachricht bekommt.

TRANSCRIPT

as soon as [əz 'su:n əz]	sobald	*I'll tell him as soon as he comes in.*
most of the time ['məʊst əv ðə 'taɪm]	die meiste Zeit	*I spend most of my free time in the cinema.*
chaotic [keɪ'ɒtɪk]	chaotisch	*The traffic was chaotic last night.*
director [də'rektə]	Direktor/in	
very much [ˌveri 'mʌtʃ]	sehr	*I like my cat very much.*
I'll have a beer, please.	Ich hätte gerne ein Bier, bitte.	
nearly ['nɪəli]	fast, beinahe	*It's nearly midnight. I must go.*
apartment *(AE)* [ə'pɑ:tmənt]	Wohnung	
It's a long way from …	Es ist weit weg von/vom …	*It's a long way from home.*
assistant [ə'sɪstənt]	Assistent/in	
(to) **pick up** [ˌpɪk 'ʌp]	abholen	*Can you pick me up from the hotel?*
(to) **drive, drove** [draɪv], [drəʊv]	*(Auto)* fahren	*I drive my husband to work.*
luggage ['lʌgɪdʒ]	Gepäck	*He has a lot of luggage.*
this time ['ðɪs taɪm]	diesmal	*Last time I said yes, this time I say no.*
sense [sens]	Sinn	*Some people have a sixth sense.*
at least [ət 'li:st]	mindestens, wenigstens	*Write at least three sentences.*
soup [su:p]	Suppe	
hot [hɒt]	scharf	*Curry can be very hot.*
everywhere ['evriweə]	überall	*I looked everywhere but can't find my keys.*
could [kʊd]	*Vergangenheitsform von* can	
couldn't ['kʊdnt]	*verneinte Form von* could	*The teacher couldn't come to class yesterday.*
(to) **close** [kləʊz]	(ver)schließen	
bump [bʌmp]	Beule	*I can see a bump on my head.*
head [hed]	Kopf	

personality [ˌpɜːsəˈnæləti]	Persönlichkeit	*Can you describe your personality?*
(to) **feel your best** [fiːl jɔː best]	am besten gehen, fühlen	*When do you feel your best?*
during [ˈdjʊərɪŋ]	während	*She meets him during the afternoon.*
up [ʌp]	hoch	
loud [laʊd]	laut	*You're too loud. Be quiet.*
loud entrance [ˈentrəns]	lauter Auftritt	*She makes a loud entrance at parties.*
everyone [ˈevriwʌn]	jede/r/s	*Do you know everyone in class?*
(to) **look around** [ˌlʊk əˈraʊnd]	sich umsehen	*He looked around but couldn't see his father.*
(to) **hope** [həʊp]	hoffen	*I hope you're well.*

I'm really sorry.
– Oh, don't worry.

Es tut mir wirklich leid.
– Oh, machen Sie sich / mach dir keine Sorgen.

UNIT 11

Focus 1

out and about [ˌaʊt ənd əˈbaʊt]	unterwegs	*She's often out and about.*
(to) **prepare** [prɪˈpeə]	(sich) vorbereiten	*I have to prepare a lot for my trip to York.*
might [maɪt]	könnte/st/n (vielleicht)	*I might go to England this year. I'm not sure.*
(to) **pack** [pæk]	packen	*Tara packs her suitcase.*
(to) **add** [æd]	hinzufügen	*Please add milk to your shopping list.*

adapter [əˈdæptə]	Adapter	**comb** [kəʊm]	Kamm
battery [ˈbætəri]	Batterie	**camera** [ˈkæmərə]	Fotoapparat, Kamera
brush [brʌʃ]	Bürste	**coat** [kəʊt]	Mantel

evening dress ['iːvnɪŋ dres]	Abendkleid
guidebook ['gaɪdbʊk]	Reiseführer
hairdryer ['heədraɪə]	Fön
hat [hæt]	Hut
(a pair of) **jeans** [ə ˌpeər əv 'dʒiːnz]	Jeans
map [mæp]	Stadtplan
medicine ['medsn]	Medizin
MP3-player [ˌem piː 'θriː pleɪə]	MP3-Spieler
pen [pen]	Füller, Kugelschreiber
phrasebook ['freɪzbʊk]	*Buch mit Redewendungen*
pullover ['pʊləʊvə]	Pullover, Pulli
sandals ['sændlz]	Sandalen
(a pair of) **shoes** [ʃuːz]	(ein Paar) Schuhe
(a pair of) **sunglasses** ['sʌnglɑːsɪz]	Sonnenbrille
sunscreen ['sʌnskriːn]	Sonnenschutzmittel
umbrella [ʌm'brelə]	(Regen-)Schirm
walking shoes ['wɔːkɪŋ ʃuːz]	Wanderschuhe

clothes [kləʊðz]	Kleidung	*I always buy a lot of clothes on holiday.*
valuables ['væljuəblz]	Wertsachen	*Don't take your valuables to the beach.*
essentials [ɪ'senʃlz]	(absolut) notwendige Dinge	*Essentials when visiting GB: credit card and First Choice phrasebook.*
hand luggage ['hænd lʌgɪdʒ]	Handgepäck	
wouldn't ['wʊdnt]	*verneinte Form von* would	*I wouldn't take my evening dress on holiday.*

Focus 2

price [praɪs]	(Kauf-)Preis	
compact ['kɒmpækt]	kompakt	
(to) **look for sth** ['lʊk fə]	(nach) etwas suchen	*I'm looking for a map of Barcelona.*
(to) **have a look at sth**	sich etwas anschauen	*Can I have a look at this?*
schoolbook ['skuːlbʊk]	Schulbuch	
(to) **try sth on**	etwas anprobieren	*Can I try it on?*
row [rəʊ]	Reihe	*Wow, we're in the first row.*
survey ['sɜːveɪ]	Umfrage; Übersicht	*Some companies do surveys on the phone.*
lesson ['lesn]	Unterrichtsstunde	*We have two English lessons per week.*

petrol ['petrəl]	Benzin	
health-food shop ['helθ fu:d ʃɒp]	Bioladen	*Is there a health food shop near your house?*
petrol station ['petrəl steɪʃn]	Tankstelle	
special offer [ˌspeʃl 'ɒfə]	Sonderangebot	*They had a special offer at Harrods.*

Shopping phrases

Can I have a look, please?	Darf ich mich bitte mal umsehen?
How can I help you?	Wie kann ich Ihnen helfen?
I'd like ...	Ich hätte/möchte gern ...
Do you have ... ?	Haben Sie ... ?
I'm looking for ...	Ich suche ...
I'm just looking.	Ich sehe mich nur mal um.
How much is it?	Was kostet es?
How much are they?	Was kosten sie?
How much does it cost?	Was kostet es?
How much do they cost?	Was kosten sie?
I'll take it/them.	Ich nehme es/sie.

Money, money, money

(to) **cost** [kɒst]	kosten	**dollar** ['dɒlə]	Dollar
euro ['jʊərəʊ]	Euro	**pound sterling** [paʊnd stɜ:lɪŋ]	britisches Pfund
cent [sent]	Cent	**p**	*Abk. für* pence
		pence [pens]	Pence

Focus 3

(to) **ring, rang** [rɪŋ], [ræŋ]	anrufen; klingeln	
cannot ['kænɒt]	*verneinte Form von* can	*I'm sorry. I cannot see you tonight.*
stolen ['stəʊlən]	gestohlen	*Paco's passport was stolen from his room.*
bank card ['bæŋk kɑ:d]	Bankkarte, Scheckkarte	
kind [kaɪnd]	freundlich, nett	*My neighbours are kind people.*

T

Being nice

That's too bad.	Das ist aber schade.
That's very kind of you.	Das ist sehr freundlich (von Ihnen/dir).
That would be lovely.	Das wäre nett.
I'd love to meet you.	Ich würde Sie sehr gerne kennen lernen.

tomorrow [tə'mɒrəʊ]	morgen	*See you tomorrow!*
feeling ['fiːlɪŋ]	Gefühl	*I have a feeling she's ill.*
(to) **act out sth** [ˌækt 'aʊt]	etwas vorspielen	*Can you act out the dialogue?*
my place ['maɪ pleɪs]	meine Wohnung	*Let's meet at my place.*
spontaneous [spɒn'teɪniəs]	spontan	*Can you give a spontaneous answer?*
decision [dɪ'sɪʒn]	Entscheidung	*It was a spontaneous decision to come to Rome.*
I'll see you later.	Bis später.	
(to) **be back in a minute**	gleich zurück sein	*I'll be back in a minute.*

Focus 4

Asking the way

Can you tell me the way to ... ?	Können Sie mir sagen, wie ich zum/nach … komme?
How do I get there?	Wie komme ich dorthin?
Go along here.	Gehen Sie hier entlang.
Turn left/right.	Biegen Sie nach links/rechts ab.
Turn right ...	Biegen Sie nach rechts ab ...
... into Crendon Road.	... in die Crendon Road.
It's the second street on the left/right.	Es ist die zweite Straße links/rechts.
Turn left/right at the corner.	Biegen Sie an der Ecke links/rechts ab.
It's along there ...	Es ist dort entlang …
... on the left/right.	... auf der linken/rechten Seite.
Take the ... street on the left/right	Nehmen Sie die … Straße links/rechts.
It's this way, not that way.	Es ist in dieser Richtung, nicht in der.
It's near ...	Es ist in der Nähe von …

road [rəʊd]	(Land-)Straße	*Is this the road to Leipzig?*
(to) **stop (sb)** [stɒp]	(jdn) anhalten	*The police stopped the car.*
(to) **ask the way** [ˌɑːsk ðə 'weɪ]	nach dem Weg fragen	*The man asked for the way to the city centre.*
direction [də'rekʃn]	Richtung, Weg	*This is the wrong direction. We must go back.*
(to) **give sb directions**	jdm den Weg beschreiben	
(to) **agree** [ə'griː]	sich einigen	*My partner and I can never agree on anything.*
(to) **have fun** [həv 'fʌn]	Spaß haben	
Have fun!	Viel Spaß!	

Magazine

stamp [stæmp]	Briefmarke	
himself [hɪm'self]	sich (selbst)	*Jack wants to buy a T-shirt for himself.*
in the end [ɪn ði 'end]	zum Schluss, schließlich	*Did you buy the jacket in the end?*
shop assistant ['ʃɒp əsɪstənt]	Verkäufer/in	*The shop assistant was friendly.*
at the moment ['məʊmənt]	im Moment	*We're just looking at the moment.*
mine [maɪn]	meine/r/s	*These books are mine.*
two of those [tuː əf 'ðəʊz]	zwei davon	*Can I have two of those, please?*
That's not bad.	Das ist nicht schlecht.	
yourself [jɔː'self]	dich (selbst)	*Don't you want to buy anything for yourself?*
Don't be silly.	Red keinen Unsinn.	
(to) **wear, wore** [weə], [wɔː]	*(Kleidung)* tragen	
toy [tɔɪ]	Spielzeug	
mouse, mice [maʊs], [maɪs]	Maus, Mäuse	
arm [ɑːm]	Arm	
mouse mat ['maʊs mæt]	Mauspad	
in cash [ɪn 'kæʃ]	in bar	*I'd like to pay in cash.*

medium ['miːdiəm]	mittel(groß)	
changing room ['tʃeɪndʒɪŋ ruːm]	Umkleideraum, -kabine	*Excuse me. Where is the changing room?*
(to) **take** [teɪk]	nehmen	*Do you take American Express?*
size [saɪz]	Größe	
comfortable ['kʌmftəbl]	bequem	

> (!) Achtung, falscher Freund: Englisch comfortable ist nicht gleich deutsch „komfortabel".

TRANSCRIPT

quality ['kwɒləti]	Qualität	
value ['væljuː]	Wert	
good value [gʊd 'væljuː]	preisgünstig	*It's good value.*
It's on the corner.	Es ist an der Ecke.	
directly [də'rektli]	direkt	
entrance ['entrəns]	Eingang, Einfahrt	
crossroads ['krɒsrəʊdz]	Kreuzung	*Turn left at the crossroads.*
(to) **go past sth** [gəʊ 'pɑːst]	an etwas vorbeigehen	*Go past the restaurant and you'll see the pub.*
chain store ['tʃeɪn stɔː]	Filiale *(einer Warenhauskette)*	
department store [dɪ'pɑːtmənt stɔː]	Kauf-, Warenhaus	

> (!) Achtung, falscher Freund. warehouse = Lager department store = Warenhaus

shopping mall ['ʃɒpɪŋ mɔːl]	Einkaufszentrum	
deli ['deli]	Delikatessengeschäft	

TRANSCRIPT

traveling *(AE)* ['trævəlɪŋ]	das Reisen	

> (!) travelling (BE) traveling (AE)

(to) **save** [seɪv]	ersparen	
trouble ['trʌbl]	Ärger	*My parents had a lot of trouble with me.*
simple ['sɪmpl]	einfach	*This game is very simple.*
vacation *(AE)* [və'keɪʃn]	Urlaub, Ferien	*Let's go on vacation.*
important [ɪm'pɔːtnt]	wichtig	*Do you have all the important things you need?*
side pocket ['saɪd pɒkɪt]	Seitentasche	*Put the bottle in the side pocket.*

TRANSCRIPT

backpack *(AE)* ['bækpæk]	Rucksack	
bottom ['bɒtəm]	Boden	*My keys are always at the bottom of my bag.*
easy ['iːzi]	leicht	*It's so easy to forget things.*
(to) **tie** [taɪ]	binden	
cloth [klɒθ]	Tuch, Stoff	*Tie a cloth to your luggage.*
mosquito bite [mə'skiːtəʊ baɪt]	Mückenstich	
lemon juice ['lemən dʒuːs]	Zitronensaft	

I think we're lost.
Let's ask someone the way.

Ich glaube, wir haben uns verirrt.
Fragen wir jemanden nach dem Weg.

UNIT 12

Focus 1

(to) look back [ˌlʊk 'bæk]	zurückblicken	*Looking back, I think this was good.*
(to) look ahead [ˌlʊk ə'hed]	vorausschauen	*I'm looking ahead to the project.*
beginning [bɪ'gɪnɪŋ]	Anfang	
at the beginning [ət ðə bɪ'gɪnɪŋ]	am Anfang	*We met Tara and Ben at the beginning.*
almost ['ɔːlməʊst]	fast, beinahe	*This is almost the end of the book.*
met [met]	*Vergangenheitsform von* meet	*I met my wife six years ago.*
help [help]	Hilfe	*Tell me if you need help.*
relevant ['reləvənt]	entsprechend	*Open the relevant page in your book, please.*
type of ['taɪp əv]	Art von	*What type of holiday do you like?*
tourism ['tʊərɪzəm]	Tourismus	*Ben wrote an article about green tourism.*
interest ['ɪntrəst]	Interesse	*Tell me about your interests.*
activity [æk'tɪvəti]	Aktivität	*What are your free-time activities?*

Discussing again

Let's ...	Lassen Sie / Lasst uns ...
Let's write a sentence about ...	Schreiben wir einen Satz über ...
I have an idea.	Ich habe eine Idee.
I think you're right.	Ich glaube, Sie haben / du hast Recht.
No, I don't think so.	Nein, ich bin anderer Meinung.
Shall we ... ?	Sollen wir ... ?

Focus 2

adventure [əd'ventʃə]	Abenteuer	*Our last holiday was an adventure.*
tax [tæks]	Steuer	*Most people pay taxes.*
tax advisor ['tæks ədvaɪzə]	Steuerberater/in	*She doesn't have a tax advisor.*
visa ['vi:zə]	Visum	*You need a visa for India.*
dentist ['dentɪst]	Zahnarzt/-ärztin	*You should go to the dentist once a year.*
arrangement [ə'reɪndʒmənt]	Abmachung, Vereinbarung	
(to) make an arrangement	eine Vereinbarung/ Abmachung treffen	
possible ['pɒsəbl]	möglich, denkbar	*Is Wednesday possible? Can we meet then?*
(to) be free [bi 'fri:]	Zeit haben	*When are you free?*
Speaking. ['spi:kɪŋ]	Am Apparat.	*I'd like to speak to Mr Maier. – Speaking.*
over the weekend [ˌəʊvə ðə ˌwi:k'end]	übers Wochenende	*I was in London over the weekend.*
computer system [kəm'pju:tə sɪstəm]	Computersystem	
IT [ˌaɪ 'ti:]	*Abk. von* information technology, IT	
(to) **arrange** [ə'reɪndʒ]	abmachen, vereinbaren	
future ['fju:tʃə]	Zukunft	*Do you have plans for the future?*
(to) **begin, began** [bɪ'gɪn], [bɪ'gæn]	beginnen, anfangen	*I'm beginning to learn English.*
full-time job [ˌfʊltaɪm 'dʒɒb]	Vollzeitstellung, -job	*Many people are looking for a full-time job.*
schedule ['ʃedju:l]	Zeitplan	*I have a busy schedule next week.*

(to) **keep, kept** [kiːp], [kept]	halten	*Keep one evening free for me, please.*
(to) **forget, forgot** [fə'get], [fə'gɒt]	vergessen	*Don't forget your English class this week.*
opera ['ɒprə]	Oper	
(to) **go to the opera**	in die Oper gehen	*Are you going to the opera with me?*
(to) **work late**	lange arbeiten	
(to) **babysit** ['beɪbisɪt]	babysitten	
(to) **meet for dinner**	sich zum Abendessen treffen	*Let's meet for dinner tomorrow.*
hot-air balloon [ˌhɒt'eə bəluːn]	Heißluftballon	

Making arrangements

When are you free?	Wann haben Sie / hast du Zeit?
Let's say (Wednesday).	Sagen wir (Mittwoch).
Is (Wednesday) possible?	Wäre (Mittwoch) möglich?
Are you free on (Wednesday)?	Haben Sie / Hast du Zeit am (Mittwoch)?
I'm sorry I can't make it on (Wednesday).	Es tut mir leid, aber am (Mittwoch) schaffe ich es nicht.
OK then, let's say (Thursday).	In Ordnung. Dann sagen wir (Donnerstag).
Yes, that's fine.	Ja, das ist gut.

Focus 3

(to) **review sth** [rɪ'vju]	etwas nochmal durchdenken	
client ['klaɪənt]	Kunde/Kundin	
word order ['wɜːd ɔːdə]	Wortstellung	*Is this the right word order?*
basic ['beɪsɪk]	wesentlich	

Working on a project

Do you have any good ideas?	Haben Sie / Hast du irgendwelche guten Ideen?
That's a great question.	Das ist eine gute Frage.
Are you sure … is correct?	Sind Sie / Bist du sicher, dass … stimmt?
I'll write that one down.	Das schreibe ich auf.

(to) **understand, understood** [ʌndəˈstænd], [ʌndəˈstʊd]	verstehen	*Do you understand French?*
(to) **ask for help**	um Hilfe bitten	*Can I ask you for help?*

Story

I think so.	Ich glaube schon.	
outside [ˌaʊtˈsaɪd]	draußen	
(to) **stand, stood** [stænd], [stʊd]	stehen	
sang [sæŋ]	*Vergangenheitsform von* sing	
That was me.	Das war ich.	
stuff [stʌf]	*umgangssprachlich:* Zeugs	*I don't know how you can eat that stuff.*
What sort of stuff do you play?	Was spielen Sie / spielst du denn?	
cover band [ˈkʌvə bænd]	Coverband	*There are many Abba cover bands.*
..., you know. [ju ˈnəʊ]	..., wissen Sie / weißt du	
Just for fun.	Nur zum Spaß.	
dramatic [drəˈmætɪk]	dramatisch	
by mistake [baɪ mɪˈsteɪk]	aus Versehen, irrtümlicherweise	
(to) **breathe down the phone** [briːð]	ins Telefon hauchen	

! *you know* wird aus kommunikativen Gründen angehängt. Es ist keine Frage und Sie müssen darauf auch nicht antworten.

Magazine

diary [ˈdaɪəri]	Terminkalender	*I'll check in my diary.*
title [ˈtaɪtl]	Überschrift	*Find a good title for your story.*
treasure [ˈtreʒə]	Schatz	*Can you find the treasure?*
treasure hunt [ˈtreʒə hʌnt]	Schatzsuche	

Take care of yourself!
See you next term.

Passen Sie gut auf sich / Pass gut auf dich auf!
Bis zum nächsten Semester.

Place Names and Nationalities

Africa ['afrɪkə]	Afrika
America [ə'merɪkə]	Amerika
American [ə'merɪkən]	amerikanisch
Asia ['eɪʃə]	Asien
Asian ['eɪʃn]	asiatisch
Athens ['æθɪnz]	Athen
Australia [ɒ'streɪliə]	Australien
Austria ['ɒstriə]	Österreich
Austrian ['ɒstriən]	österreichisch
Barcelona [ˌbɑːsɪ'ləʊnə]	Barcelona
Bavaria [bə'veəriə]	Bayern
Berlin [bɜː'lɪn]	Berlin
Berne [bɜːn]	Bern
Bondi Beach ['bɒndaɪ biːtʃ]	*Strand nahe Sydney*
Britain ['brɪtn]	Großbritannien
British ['brɪtɪʃ]	britisch
Cairo ['keərəʊ]	Kairo
Canada ['kænədə]	Kanada
Canadian [kə'neɪdiən]	kanadisch
Canberra ['kænbərə]	*Hauptstadt Australiens*
China ['tʃaɪnə]	China
Chinese [tʃaɪ'niːz]	chinesisch
Cologne [kə'ləʊn]	Köln
the (river) Danube ['dænjuːb]	(die) Donau
Dublin ['dʌblɪn]	*Hauptstadt der Republik Irland*
Dutch [dʌtʃ]	holländisch
Egypt ['iːdʒɪpt]	Ägypten
Eiffel Tower [ˌaɪfl 'taʊə]	Eiffelturm
England ['ɪŋglənd]	England
Europe ['jʊərəp]	Europa
European [ˌjʊərə'piːən]	europäisch
Finland ['fɪnlənd]	Finnland
Florence ['flɒrəns]	Florenz
France [frɑːns]	Frankreich
French [frentʃ]	französisch
Galicia [gə'lɪsiə]	Galizien
Geneva [dʒə'niːvə]	Genf
Germany ['dʒɜːməni]	Deutschland
Greece [griːs]	Griechenland
Greek [griːk]	griechisch
Hanover ['hænəʊvə]	Hannover
Heathrow [ˌhiːθ'rəʊ]	*Flughafen im Westen Londons*
(the) Himalayas [ˌhɪmə'leɪə]	(der) Himalaja
Iceland ['aɪslənd]	Island
India ['ɪndiə]	Indien
Ireland ['aɪələnd]	Irland
Irish ['aɪrɪʃ]	irisch
Italian [ɪ'tæljən]	italienisch
Italy ['ɪtəli]	Italien
Japan [dʒə'pæn]	Japan
Japanese [ˌdʒæpə'niːz]	japanisch
Johannesburg [dʒəʊ'hænɪsbɜːg]	*größte Stadt Südafrikas*

Kenya ['kenjə]	Kenia
Kilimanjaro [ˌkɪlɪmən'dʒɑːrəʊ]	Kilimandscharo
Lake Constance [leɪk 'kɒnstəns]	Bodensee
Lisbon ['lɪzbən]	Lissabon
London ['lʌndən]	London
Mexican ['meksɪkən]	mexikanisch
Morocco [mə'rɒkəʊ]	Marokko
Moscow ['mɒskəʊ]	Moskau
Mount Kenya [maʊnt 'kenjə]	Berg Kenia
Munich ['mjuːnɪk]	München
(the) Netherlands ['neðələndz]	(die) Niederlande
New Zealand [ˌnjuː 'ziːlənd]	Neuseeland
Newark ['njuːək]	*Stadt in New Jersey, USA*
Nigeria [naɪ'dʒɪəriə]	*Staat in Westafrika*
(the) Nile [naɪl]	(der) Nil
Nuremberg ['njʊərəmbɜːg]	Nürnberg
Oxford ['ɒksfəd]	*Universitätsstadt in Südengland*
Paddington Station [ˌpædɪŋtən 'steɪʃn]	*Londoner Bahnhof*
Paris ['pærɪs]	Paris
Poland ['pəʊlənd]	Polen
Polish ['pəʊlɪʃ]	polnisch
Portugal ['pɔːtʃʊgl]	Portugal
Prague [prɑːg]	Prag
(the) Pyrenees [ˌpɪrə'niːz]	(die) Pyrenäen
the (river) Rhine [raɪn]	(der) Rhein
Rome [rəʊm]	Rom
Russia ['rʌʃə]	Russland
Russian ['rʌʃn]	russisch
(the) Sahara [sə'hɑːrə]	(die) Sahara
Scotland ['skɒtlənd]	Schottland
Scottish ['skɒtɪʃ]	schottisch
Shanghai [ˌʃæŋ'haɪ]	*Stadt in China*
Siberia [saɪ'bɪəriə]	Sibirien
Singapore [ˌsɪŋə'pɔː]	Singapur
South Africa [saʊθ 'æfrɪkə]	Südafrika
Spain [speɪn]	Spanien
Spanish ['spænɪʃ]	spanisch
Swiss [swɪs]	Schweizer, schweizerisch
Switzerland ['swɪtsələnd]	(die) Schweiz
Taj Mahal [ˌtɑːdʒ mə'hɑːl]	*indisches Denkmal*
Thailand ['taɪlænd]	Thailand
Toronto [tə'rɒntəʊ]	*Stadt in Ontario, Kanada*
Turkey ['tɜːki]	(die) Türkei
Turkish ['tɜːkɪʃ]	türkisch
UK [ˌjuː 'keɪ]	Vereinigtes Königreich
(the) USA, US [ˌjuː es 'eɪ, ˌjuː 'es]	(die) Vereinigten Staaten von Amerika
Vienna [vi'enə]	Wien
Wales [weɪlz]	Wales
Washington, DC ['wɒʃɪŋtən ˌdiː 'siː]	*Hauptstadt der USA*
Welsh [welʃ]	walisisch
Wyoming [waɪ'əʊmɪŋ]	*Bundesstaat der USA*
Zurich ['zʊərɪk]	Zürich

Irregular Verbs

Infinitive	Past Simple	German
be	was/were	sein
begin	began	beginnen
bring	brought	bringen
build	built	bauen
buy	bought	kaufen
can	could	können
choose	chose	wählen, auswählen
come	came	kommen
cost	cost	kosten
do	did	tun, machen
drink	drank	trinken
drive	drove	*(Auto)* fahren
eat	ate	essen
feed	fed	füttern
feel	felt	(sich) fühlen
find	found	finden
fly	flew	fliegen
forget	forgot	vergessen
get	got	bekommen, erlangen, werden
give	gave	geben
go	went	gehen, fahren
grow up	grew up	aufwachsen
have	had	haben
hear	heard	hören
keep	kept	behalten
know	knew	kennen, wissen
lead	led	führen
leave	left	verlassen; weggehen
lie	lay	liegen
lose	lost	verlieren
make	made	machen, anfertigen
mean	meant	bedeuten
meet	met	(sich) treffen, kennen lernen
pay	paid	bezahlen
read [ri:d]	read [red]	lesen
ring	rang	anrufen; klingeln
run	ran	rennen, laufen
say	said	sagen
see	saw	sehen
send	sent	senden, schicken
sing	sang	singen
sit	sat	sitzen
sleep	slept	schlafen
speak	spoke	sprechen
spend	spent	verbringen; ausgeben
stand	stood	stehen
take	took	dauern; nehmen
teach	taught	unterrichten
tell	told	erzählen
think	thought	denken; meinen
understand	understood	verstehen
wear	wore	*(Kleidung)* tragen
win	won	gewinnen
write	wrote	schreiben

Alphabetical Register

A, a

a lot of viel, viele *U5, F1*
a.m. *von Mitternacht bis Mittag U5, F2*
about über *U1, F1;* ungefähr *U5, F3*
above oben, obig *U10, F3*
abroad im/ins Ausland *U9, F3;* (to) **go abroad** ins Ausland gehen *U9, F3*
across waagerecht *U7, F2*
(to) **act out sth** etwas vorspielen *U11, F3*
active aktiv *U8, F3*
activity holiday Aktivurlaub *U4, S*
actor Schauspieler *U2, M*
actress Schauspielerin *U2, M*
actually eigentlich, tatsächlich *U6, F2*
(to) **add** hinzufügen *U11, F1*
(to) **admit** zugeben, (ein)gestehen *U10, S*
adventure Abenteuer *U12, F2*
afraid: I'm afraid leider *U8, F2*
after nach *U5, F2*
afternoon Nachmittag *U5, F3*
again wieder *U1, F3*
agent Vertreter/in *U10, S*
ago vor *U7, F3;* **a long time ago** vor langer Zeit *U7, F3*
air Luft *U6, M*
airline Fluggesellschaft *U1, F1*
airport Flughafen *U1, F2;* **at the airport** am Flughafen *U5, M*
all alle *U3, F4*
almost fast, beinahe *U12, F1*
alone allein(e) *U8, M*
along entlang *U8, M;* **it's along there ...** es ist dort entlang ... *U11, F4*
already schon *U9, F3*
also auch *U8, F3*
always immer *U3, M; U6, F1*
angry ärgerlich, wütend *U5, S*
another ein/e andere/r/s, noch eine/r/s, *U1, F2*
answer Antwort, Lösung *U1, F2*
(to) **answer** antworten *U1, F1*
any irgendetwas, -welche *U9, F2;* **anyone** irgendjemand *U9, M;* **anything** irgendetwas *U9, M;* **anything else?** Sonst noch etwas? *U4, F3;* **anything like that** etwas dergleichen *U9, M;* **anywhere** irgendwo *U9, M*
argument Streit, Auseinandersetzung *U8, S*
around: from around the world aus der ganzen Welt *U4, F1*
(to) **arrange** abmachen, vereinbaren *U12, F2*
arrangement: Vereinbarung, Termin *U12, F2*
arrivals Ankunftshalle *U7, F4*
(to) **arrive** ankommen, eintreffen *U2, S*
article Artikel *U3, F3*
as soon as sobald *U10, M*
(to) **ask** fragen *U1, F1;* (to) **ask for help** um Hilfe bitten *U12, F3;* (to) **ask for sth** nach etwas fragen *U6, F3*
at home zu Hause *U5, F1;* **at least** mindestens, wenigstens *U10, M;* **at night** nachts *U3, M;* **at work** auf/bei der Arbeit *U2, F3*
attractive attraktiv, anziehend *U4, M*
aunt Tante *U3, M*
automatic automatisch *U8, M*
autumn Herbst *U8, F1*
away: (to) **(be) away** unterwegs (sein) *U1, F1*

B, b

back Rücken *U8, M*
back: (to) **be back** zurück sein *U5, F4;* (to) **get back home** wieder nach Hause kommen *U5, M*
backpack Rucksack *U11, M*
bad schlecht *U3, F1;* **bad news** schlechte Nachrichten *U10, S*
bag Tasche; Tüte *U2, F4*
baggage hall Gepäckhalle *U4, S; U10, F4*
banana Banane *U4, F1*
basement Untergeschoss *U7, S*
basic wesentlich *U12, F3*
bathroom Bad(ezimmer) *U5, M*
BC *Abk. von* before Christ, vor Christus *U7, M*
(to) **be** sein *U2, F1;* (to) **be born** geboren werden/sein *U1, F1;* (to) **be happy about sth** über etwas erfreut/glücklich sein *U7, F4;* (to) **be late** zu spät kommen *U3, F1;* (to) **(be) out of order** außer Betrieb (sein) *U7, F4*
beach Strand *U8, F3*
beautiful schön *U3, F4*

because weil *U2, S; U5, F3;* **because of** wegen *U1, S*
before bevor *U2, F4;* vor *U5, F2*
(to) **begin** anfangen *U12, F2*
beginner Anfänger/in *U6, M*
beginning Anfang *U12, F1;* **at the beginning** am Anfang, anfangs *U12, F1*
(to) **believe** glauben *U9, M*
(to) **belong to** zu etwas/jdm gehören *U8, F1*
best beste/r/s *U3, M*
between zwischen *U5, F2*
big groß *U3, F4*
bike Fahrrad *U7, F1*
bill Rechnung *U4, F3*
birthday Geburtstag *U1, F1;* **birthday card** Geburtstagskarte *U7, F3*
bit Teil *U1, M;* **a bit** ein bisschen *U7, F3*
black schwarz *U10, F1*
blue blau *U10, F1*
board game Brettspiel *U4, F1*
boarding card Bordkarte *U4, F3*
boat Boot, Schiff *U8, M*
book Buch *U1, M*
born: (to) **be born** geboren werden/sein *U1, F1*
(to) **borrow** (sich etwas) borgen, leihen *U3, M*
boss Chef/in *U3, F2*
both beide *U7, F4*
bottle Flasche *U2, F4*
bottom Boden *U11, M*
boyfriend Freund *U6, M*
bread Brot *U7, F3*
break Pause *U5, F3*
breakfast Frühstück *U5, F1;* (to) **eat breakfast** frühstücken *U5, F1;* **for breakfast** zum Frühstück *U5, F1;* (to) **have breakfast** frühstücken *U5, F3;* **breakfast time** Frühstückszeit *U6, F1*
(to) **breathe down the phone** ins Telefon hauchen *U12, S*
bridge Brücke *U9, F2*
bright hell *U10, F1*
(to) **bring** (mit)bringen *U4, F2*
brochure Broschüre, Prospekt *U6, M*
brother Bruder *U3, F4*
brother-in-law Schwager *U3, M*
brown braun *U10, F1*
brush Bürste *U11, F1*
(to) **brush your teeth** *(BE)* sich die Zähne putzen *U5, M*
(to) **build** bauen *U8, M*
building Gebäude *U8, S; U9, F2;* **historic building** historisches Gebäude *U9, F2*
bump Beule *U10, M*
bus lane Busspur *U7, M;* **bus shelter** Bushäuschen *U7, M*
business Geschäft, Firma *U1, M;* **away on business** dienstlich unterwegs *U1, F1;* **business partner** Geschäftspartner/in *U10, F3;* **business trip** Geschäftsreise *U4, F3*
busy beschäftigt *U6, M;* betriebsam *U9, M*
but aber *U3, F3*
button Taste, Knopf *U2, F3*
(to) **buy** kaufen *U6, M*
by: by the way übrigens, nebenbei *U1, M;* **by train** mit der Bahn *U7, F1*
bye Tschüss *U1, F1*

C, c

café Café, Bistro *U1, F1*
cake Kuchen, Torte, Gebäckstück *U6, F1*
call Anruf, Telefongespräch *U6, F2*
called namens, genannt *U9, F2*
calm ruhig, gelassen *U10, F1*
camera Fotoapparat, Kamera *U11, F1*
can können *U1, F2*
canal trip Kanalfahrt *U8, M*
canteen Kantine *U3, M*
capital Großbuchstabe, großes … *U2, M;* Hauptstadt *U9, F1*
car Auto *U4, M;* **car dealer** Autohändler/-in *U1, M*
caravan Wohnwagen *U8, F3*
card Visitenkarte *U4, F2*
cardboard box Pappkarton *U8, S*
carriage Wagen *(eines Zuges) U7, M*
(to) **carry** tragen *U8, M*
cartoon Cartoon; Zeichentrickfilm *U1, F2*
case Koffer *U9, M*
castle Burg, Schloss *U6, M*
cat Katze *U5, M*
category Kategorie, Klasse *U6, M*
cathedral Kathedrale *U9, F2*
(to) **celebrate** feiern *U2, S*
cellphone *(AE)* Handy, Mobiltelefon *U2, F2*
chain store Filiale *U11, M*
championship Meisterschaft *U8, M*
(to) **change** verändern *U7, F2*
changing room Umkleideraum, -kabine *U11, M*

character Figur, Person *U1, F1*
characteristics typische Merkmale, Eigenschaften *U10, F2*
cheap billig, günstig *U9, F1*
check-in-date Ankunftsdatum *U2, F3;* **check-out-date** Abreisedatum *U2, F3*
cheese Käse *U4, F1*
chicken Huhn, Hähnchen *U4, M*
child, children Kind, Kinder *U3, F4*
chips Pommes frites *U4, M*
chocolate Schokolade; Kakao *U4, F1*
(to) **choose** wählen *U8, F3*
church Kirche *U6, F2*
cinema Kino *U6, F2*
(to) **circle** einkreisen *U2, F3*
class Klasse, Kurs *U1, F1*
classical music klassische Musik *U10, F2*
(to) **clean** putzen, reinigen *U5, M;* (to) **clean your teeth** *(AE)* sich die Zähne putzen *U5, M*
client Kunde/Kundin *U12, F3*
cliff Klippe, Felsen *U8, M*
clock Uhr *U5, F2*
(to) **close** (ver)schließen *U10, M;* **closed** geschlossen, gesperrt *U7, F4*
cloth Tuch, Stoff *U11, M*
clothes Kleidung, Kleider *U11, F1*
club Klub, Verein *U9, F2*
clue Anhaltspunkt, Hinweis *U7, F2*
coat Mantel *U11, F1*
coffee Kaffee *U2, M;* (to) **make coffee** Kaffee kochen *U5, M*
coin Münze *U4, F1*
cold kalt *U9, F1*
colleague Kollege/Kollegin *U3, F2*
(to) **collect** sammeln *U9, F2;* (to) **collect sth** etwas (ab)holen *U4, S*
color *(AE)* Farbe*;* **colour** *(BE)* Farbe *U10, F1*
column Spalte *U6, F1*
comb Kamm *U11, F1*
combination Kombination, Verbindung *U6, F2*
(to) **come** kommen *U3, S; U5, F4;* (to) **come back from abroad** aus dem Ausland zurückkommen *U9, F3;* (to) **come in** vorbeischauen *U8, F2;* (to) **come to a stop** zum Stillstand kommen *U8, M*
comfortable bequem *U11, M*
common: (to) have sth in common etwas gemeinsam haben *U10, F2*
compact kompakt *U11, F2*
company Unternehmen, Firma *U1, S; U2, F1*
(to) **compare** vergleichen *U6, F1*
comparison Vergleich *U9, F1*
computer expert Computerexperte/ -expertin *U1, F1*
computing EDV *U6, M*
concrete konkret *U10, F1*
(to) **confront** konfrontieren *U10, S*
(to) **contact** sich in Verbindung setzen mit *U9, F3;* **contact address** Kontaktadresse *U2, M*
contest Wettkampf *U10, S*
conversation Unterhaltung *U2, F3*
cook Koch/Köchin *U6, M;* **cooking** Kochen *U6, M*
(to) **cook** kochen *U6, F1*
cooperation Zusammenarbeit *U10, S*
corner: at the corner an der Ecke *U11, F4*
correct richtig *U3, F2*
(to) **cost** kosten *U11, F2*
could könnte/st/n *U6, F1;* **could** *Vergangenheitsform von* can konnte/st/n *U10, M;* **couldn't** *verneinte Form von* could *U10, M*
country Land, Staat *U2, M;* **countryside** Landschaft *U8, F3*
course Kurs, Lehrgang *U2, M*
of course natürlich *U3, M*
cousin Cousin/e *U3, M*
(to) **crash** aufprallen, zusammenstoßen *U8, M*
creative kreativ, schöpferisch *U6, M*
creativity Kreativität *U6, M*
cross Kreuz *U5, M;* **cross-country skiing** Ski-Langlauf *U8, F3*
crossroads Kreuzung *U11, M*
crossword Kreuzworträtsel *U7, F2*
cup Tasse *U7, F1*
customer Kunde/Kundin *U4, F3*
cycling Rad fahren *U6, F1*

D, d

daily täglich *U5, F1*
Damn! Verdammt! *U1, S*
dance class Tanzunterricht *U6, F2*
dark dunkel *U10, F1*
darling Liebling, Schatz *U1, F1*
date Datum *U2, M;* Verabredung *U7, F4;* (to) **have a date** privat mit jdm verabredet sein *U7, F4*

date of birth, DOB Geburtsdatum *U2, F3*
daughter Tochter *U3, F4*
daughter-in-law Schwiegertochter *U3, M*
day Tag *U2, M;* **days of the week** Wochentage *U6, F1*
daytime tagsüber *U8, M*
dear liebe/r *U8, M;* **Oh dear!** Oje! *U8, F2*
(to) **decide** (sich) entscheiden *U2, F2*
decision Entscheidung *U11, F3*
definitely bestimmt, sicher(lich) *U6, F1*
delicious köstlich *U1, M*
dentist Zahnarzt/Zahnärztin *U12, F2*
department store Kauf-, Warenhaus *U11, M*
departure Abreise, Abflug *U1, F1*
departure lounge Abflughalle *U7, M*
(to) **describe** beschreiben *U10, F2*
desert Wüste *U9, F1*
(to) **design** entwerfen *U4, F2*
desk Schreibtisch *U8, S*
dessert Nachspeise, Dessert *U4, F1*
(to) **dial** wählen *U10, F3*
dialogue Dialog *U1, F3*
diary Terminkalender *U12, M*
dictionary Wörterbuch *U7, M*
(to) **die** sterben *U9, F3*
different verschieden, unterschiedlich *U2, F3*
difficult schwer, schwierig *U3, S*
dinner Abendessen *U5, F3;* (to) **have dinner** zu Abend essen *U5, F3;* **dinner time** (Abend-)Essenszeit *U6, F1*
direct direkt *U2, F4*
direction Richtung, Weg *U11, F4;* (to) **give sb directions** jdm den Weg beschreiben *U11, F4*
directly direkt *U11, M*
(to) **discuss** besprechen, diskutieren (über) *U8, F3*
(to) **do** tun, machen *U1, M;* (to) **do nothing** nichts tun *U8, F3*
dog Hund *U3, M*
door Tür *U7 S; U8, M*
dot Punkt *U2, F4*
double doppelt, zweimal *U2, F2;* **double room** Doppelzimmer *U2, F3*
down senkrecht *U7, F2*
(to) **download** herunterladen *U1, F2*
downstairs (nach) unten *U7, S*
dragon Drache *U8, M*
dramatic dramatisch *U12, S*
drink Getränk *U1, F2*
(to) **drink** trinken *U5, F1*
(to) **drive** *(Auto)* fahren *U10, M*
driver Fahrer/in *U3, M*
dry trocken *U9, F1*
dynamic dynamisch *U10, F2*

E, e

each jede/r/s *U7, F2;* **each other** einander, gegenseitig *U5, F1*
ear Ohr *U10, F1*
early früh *U1, F1*
east Osten; Ost- *U9, F1*
easy leicht *U11, M;* **easy-going** unkompliziert *U10, F2*
(to) **eat** essen *U4, M;* **eating out** im Restaurant essen *U4, M*
eating habits Essgewohnheiten *U5, F1*
(to) **emigrate** auswandern *U9, F3*
end Ende *U4, F1;* **at the end** am Schluss *U1, M;* **in the end** zum Schluss, schließlich *U11, M*
(to) **end** enden, beenden *U8, M*
ending Ende *U7, F4*
energy Energie *U6, F3*
(to) **enjoy** genießen *U6, F2*
enough ausreichend, genug *U8, S*
entertainment Unterhaltung *U1, F2*
entrance Eingang *U11, M;* **loud entrance** lauter Auftritt *U10, M*
equator Äquator *U9, F1*
(to) **escalate** eskalieren *U7, S*
essentials (absolut) notwendige Dinge *U11, F1*
even sogar *U10, F1*
evening Abend *U2, S; U4, M;* **evening dress** Abendkleid *U11, F1;* **in the evening** am Abend *U5, F1*
event Ereignis *U8, F1*
ever jemals *U6, M*
every jede/r/s *U3, M;* **everyone** jede/r/s *U10, M;* **everything** alles *U6, S;* **everywhere** überall *U10, M*
exact genau *U4, F2;* **exactly** genau *U9, F2*
example Beispiel *U4, F2;* **for example** zum Beispiel *U3, M*
excellent hervorragend, ausgezeichnet *U6, M*
except außer *U9, F2*
Excuse me Entschuldigung *U2, F4*
exercise Übung, Aufgabe *U1, F2*
expensive teuer *U4, F2*
(to) **explode** explodieren *U3, S*

(to) **export** exportieren *U2, F4*
eye Auge *U10, F1*

F, f

factfile Faktenübersicht *U9, F1*
factory Fabrik *U5, F4*
fair Messe *U9, M*
false falsch *U9, F1*
family Familie *U3, F4;* **family name** Nachname *U2, M*
famous berühmt *U9, F1*
far weit (entfernt) *U9, F3*
fashion Mode *U1, F2*
fast schnell *U4, M*
father Vater *U1, F1*
favourite liebste/r/s, Lieblings- *U4, F1*
February Februar *U8, F1*
(to) **feed** füttern *U5, M*
(to) **feel** sich fühlen *U10, F1*
feeling Gefühl *U11, F3*
female weiblich, Frauen- *U2, M*
festival Festival, Fest(spiele) *U9, F2*
few wenig(e), ein paar *U10, S*
(to) **fill in** ausfüllen, eintragen *U1, F3*
film *(BE)* Film *U5, F2;* **film character** Filmfigur *U4, M*
final letzte/r/s *U5, F4*
(to) **find** finden *U1, F2;* (to) **find out** herausfinden *U4, F2*
fine gut, schön *U3, F1*
finish Ende *U4, F1*
(to) **finish** beenden, aufhören *U5, F3*
firm Firma, Unternehmen *U3, F4*
first zuerst *U4, F1;* **First Choice** Erste Wahl *U1, F1;* **first class ticket** Fahrkarte für die Erste Klasse *U9, M;* **first contact** erste Begegnung *U1, F1;* **first name** Vorname *U1, F1;* **First World War** Erster Weltkrieg *U9, F3*
flat *(BE)* Wohnung *U8, F3*
flight Flug *U1, F1;* **flight attendant** Flugbegleiter/in *U10, F4;* **flight No** Flugnr. *U1, F1;* **flight ticket** (Flug-)Ticket, Flugschein *U1, F1*
(to) **fly** fliegen *U1, S*
food Essen, Nahrung(smittel) *U1, F2*
football Fußball *U3, F4;* **footballer** Fußballspieler/in *U1, M*
(to) **forget** vergessen *U12, F2*
form Form *U3, F4*
forward vorwärts *U4, F1;* (to) **go forward** vorrücken *U4, F1*
free frei *U7, F4*
fresh frisch *U6, M*
Friday Freitag *U6, F1*
friend Freund, Freundin *U3, F4*
friendly freundlich *U4, F2*
from von, aus *U1, F1;* **from around the world** aus der ganzen Welt *U4, F1*
fruit Obst, Früchte *U4, M*
full voll *U10, M*
full-time job Vollzeitjob *U12, F2*
funny komisch, lustig *U10, F2*
future Zukunft *U12, F2*

G, g

gallon Gallone, *4,5 Liter GB und 3,8 Liter USA U9, M*
game Spiel *U2, F1*
gap Lücke *U1, F3*
garden Garten *U3, M*
gardener Gärtner/in *U3, M*
gender (grammatisches) Geschlecht *U2, M*
(to) **get** bekommen, erlangen *U6, M;* werden *U8, M;* (to) **get back home** wieder nach Hause kommen *U5, M;* (to) **get dressed** sich anziehen *U5, M;* (to) **get home** nach Hause kommen *U7, F3;* (to) **get married** heiraten *U9, F3;* (to) **get on well with sb** mit jdm gut auskommen *U3, S;* (to) **get the job of ...** die Stelle als ... bekommen *U9, F3;* (to) **get to work** zur Arbeit gelangen *U7, F1;* (to) **get up** aufstehen *U3, M; U5, F3*
girl Mädchen *U9, F1*
(to) **give** geben *U1, F2;* (to) **give back** zurückgeben *U7, S*
glue Klebstoff *U9, F2*
(to) **go** gehen, fahren *U2, F4;* (to) **go abroad** ins Ausland gehen *U9, F3;* (to) **go away** wegfahren *U6, S;* (to) **go dancing** tanzen gehen *U6, F2;* (to) **go for a drink** einen trinken gehen *U7, F4;* (to) **go forward** vorrücken *U4, F1;* (to) **go home** nach Hause gehen *U5, F4;* (to) **go jogging** joggen *U5, M;* (to) **go on holiday** in den Urlaub fahren *U8, F3;* (to) **go out for dinner** im Restaurant zu Abend essen *U4, M;* (to) **go past sth** an etwas vorbeigehen *U11, M;* (to) **go shopping** einkaufen gehen *U6, F2;* (to) **go sightseeing** Sehenswürdigkeiten besuchen *U8, F3;*

(to) **go skiing** Ski fahren *U9, F1;* (to) **go swimming** schwimmen gehen *U6, F2;* (to) **go to bed** ins Bett gehen *U5, F3;* (to) **go to school** zur Schule gehen *U6, F3;* (to) **go walking** spazieren gehen *U8, F3*

good gut *U2, F4;* **good value** preisgünstig *U11, M;* **good wishes** Glückwünsche *U8, F2*

government Regierung *U3, F4*

granddaughter Enkelin *U3, M*

grandfather Großvater *U9, F3*

grandmother Großmutter *U9, F3*

grandparents Großeltern *U9, F3*

grandson Enkel *U3, M*

great groß(artig), toll *U1, M*

great-grandfather Urgroßvater *U9, F3*

great-grandmother Urgroßmutter *U9, F3*

great-grandparents Urgroßeltern *U9, F3*

green grün *U10, F1*

greetings Grüße *U1, M*

grey grau *U10, F1*

group Gruppe *U1, F1*

(to) **grow up** aufwachsen *U9, F3*

guess Vermutung *U7, F1*

(to) **guess** raten *U1, F3*

guest Gast *U2, F3*

(to) **guide** führen, leiten *U4, F2*

guidebook Reiseführer *U11, F1*

gym Sportstudio, Fitnesszentrum *U6, F2*

H, h

hairdryer Fön *U11, F1*

half an hour eine halbe Stunde *U7, F3*

hand baggage Handgepäck *U4, S, U11, F1*

(to) happen passieren, geschehen *U9, M*

happy: (to) **be happy about sth** über etwas glücklich/erfreut sein *U7, F4*

hard schwer, hart *U5, F4*

hat Hut *U11, F1*

(to) **hate** hassen, gar nicht mögen *U4, F2*

(to) **have** haben *U1, F1;* (to) **have a barbecue** grillen *U8, F3;* (to) **have a date** privat mit jdm verabredet sein *U7, F4;* (to) **have a good time** sich amüsieren, viel Spaß haben *U7, M;* (to) **have a holiday** Urlaub machen *U7, F3;* (to) **have a meal** etwas essen *U7, F3;* (to) **have a meeting** eine Besprechung haben *U1, F1;* (to) **have a party** eine Party machen *U7, F3;* (to) **have a rest** sich ausruhen *U7, F1;* (to) **have a wash** sich waschen *U5, F3;* (to) **have an affair** ein Verhältnis haben *U10, S;* (to) **have an extra turn** noch einmal dran sein *U4, F1;* (to) **have breakfast** frühstücken *U5, F3;* (to) **have children** Kinder kriegen *U9, F3;* (to) **have fun** Spaß haben *U11, F4;* (to) **have sth in common** etwas gemeinsam haben *U10, F2*

(to) **have to** müssen *U5, F4*

head Kopf *U10, M*

health Gesundheit *U7, F3;* **health food shop** Bioladen *U11, F2*

(to) **hear** hören *U1, F3*

help Hilfe *U12, F1*

(to) **help** helfen *U2, F4*

here you are bitte (schön) *U3, F1*

high hoch *U9, F1*

highlight Höhepunkt *U6, F3*

himself sich (selbst) *U11, M*

his historic building sein historisches Gebäude *U9, F2, U3, F3*

history Geschichte *U7, M*

holiday: (to) **be on holiday** im Urlaub sein *U3, M;* (to) **go on holiday** in den Urlaub fahren *U8, F3*

home zu Hause *U2, S;* **at home** zu Hause *U5, F1*

hometown Heimatort *U9, F2*

homework Hausaufgaben *U5, F4*

(to) **hope** hoffen *U10, M*

(to) **host** veranstalten *U9, M*

hot heiß *U9, F1;* scharf *U10, M*

hot-air balloon Heißluftballon *U12, F2*

hotel Hotel *U1, F1;* **hotel manager** Geschäftsführer/in eines Hotels *U3, M*

hour Stunde *U5, F3*

house Haus *U3, M*

housewife Hausfrau *U5, F4*

how wie *U1, F2;* **How are you?** Wie geht es Ihnen/dir? *U2, F3;* **How do you do?** Angenehm, Sie kennen zu lernen. *U1, M;* **how many** wie viele *U1, F2*

hungry hungrig *U4, F2*

husband (Ehe-)Mann *U3, F4*

I, i

idea Idee, Gedanke *U6, M*

ill *(BE)* krank *U8, F2*

important wichtig *U11, M*
Indian indisch; Inder/in *U1, F1*
information Information(en) *U2, F3*
interested in sth an etwas interessiert *U5, S*
interesting interessant *U9, F1*
interview Interview *U4, S*
(to) **interview** befragen *U5, F1*
(to) **introduce** einführen *U8, F1*
introduction Vorstellung, Einführung *U1, F1*
(to) **invite** einladen *U3, M*
item Ding, Gegenstand *U1, F2*

J, j

jacket Jacke, Jackett *U7, F4*
January Januar *U8, F1*
job Arbeit, Beruf *U1, F1*
journalist Journalist/in *U1, F1*
journey Reise, Fahrt *U5, F4*
July Juli *U8, F1*
June Juni *U8, F1*
just nur *U4, F3;* **Just a moment!** Einen Augenblick! *U4, F3;* **just for fun** nur zum Spaß *U12, S*

K, k

(to) **keep** behalten *U8, F3*
(to) **keep free** sich freihalten *U12, F2*
key Schlüssel *U9, M*
kilometre Kilometer *U5, F4*
kind freundlich *U11, F3*
kitchen Küche *U5, M*
(to) **know** kennen *U4, F2;* wissen *U9, F3*

L, l

lake See *U6, M*
(to) **land** landen *U8, F1;* (to) **land on a square** auf einem Feld landen *U4, F1*
landscape Landschaft *U6, M;* **landscape gardening** Landschaftsgärtnerei, Gartenbau *U6, M*
language Sprache *U4, F2*
large groß, umfangreich *U9, F1*
last letzte/r/s *U3, F1;* zuletzt *U7, F3*
late spät *U1, S; U2, F3;* (to) **be late** (zu) spät kommen *U1, S; U2, F3*
later später *U2, F3*
(to) **lead** führen *U9, F3*
learner Lerner/in *U4, F2*
least: at least mindestens, wenigstens *U10, M*
(to) **leave** verlassen, weggehen *U2, F4;* verlassen *U9, F3;* (to) **leave school** die Schule verlassen *U9, F3*
left: on the left auf der linken Seite *U11, F4*
lemon juice Zitronensaft *U11, M*
lesson Unterrichtsstunde *U11, F2*
let's lassen Sie uns … / lasst uns … *U7, F2*
letter Buchstabe *U2, F3;* Brief *U9, F3*
(to) **lie** liegen *U8, F3;* (to) **lie on the beach** am Strand liegen *U8, F3*
life Leben *U3, F1*
light hell *U10, F1*
like (ähnlich) wie *U3, F1*
(to) **like** mögen, gern haben *U3, S; U3, M;* **I'd like …** ich hätte/möchte gern ... *U11, F2*
likes and dislikes Vorlieben und Abneigungen *U4, F2*
line (Telefon-)Leitung *U10, F3*
liqueur Likör *U4, F1*
list Liste *U1, F2*
litre Liter *U3, M*
little klein, wenig *U9, F3*
(to) **live** wohnen, leben *U3, F4*
lively lebendig, lebhaft *U10, F1*
lobster Hummer *U8, M*
local lokal, einheimisch *U9, F2*
long lang *U5, F3*
(to) **look around** sich umsehen *U10, M;* (to) **look at …** ansehen, betrachten *U1, F1;* (to) **look for sth** etwas suchen *U11, F2;* (to) **look like** aussehen wie *U3, M;* (to) **look ahead** vorausschauen *U12, F1;* (to) **look back** zurückblicken *U12, F1*
(to) **lose** verlieren *U7, F4*
lots of viele, jede Menge *U6, M*
loud laut *U10, M;* **loud entrance** lauter Auftritt *U10, M*
Love, … Alles Liebe, … *U8, M*
(to) **love** sehr gern mögen, lieben *U2, F3*
lovely schön, hübsch, herrlich *U8, F2*
low niedrig, leise *U9, M*
lucky: (to) **be lucky** Glück haben *U10, F2*
Lucky you! Sie/du Glückliche/r! *U9, M*
luggage Gepäck *U10, M*
lunch Mittagessen *U5, F1;* (to) **eat lunch** zu Mittag essen *U5, F1;* (to) **have lunch** zu Mittag essen *U5, F1;* (to) **be at lunch** beim Mittagessen / zu Tisch sein *U10, F4;* **lunchtime** Mittagszeit, -pause *U6, F1*

M, m

main Haupt- *U8, F1;* **main course** Hauptgericht *U4, M;* **main meal** Hauptmahlzeit *U5, F1;* **main road** Hauptstraße *U9, M*
(to) **make** machen, anfertigen *U1, F2*
male männlich, Männer- *U2, M*
man, men Mann, Männer *U10, F2*
manager Geschäftsführer/in *U9, F3*
map (Land-)Karte *U9, F1*
March März *U8, F1*
(to) **march** marschieren *U8, S*
market Markt *U4, F2*
married: (to) **be married** verheiratet sein *U3, F4*
match Spiel *U7, F4*
(to) **match** zuordnen *U1, M*
May Mai *U8, F1*
maybe vielleicht *U6, M*
me mich *U2, F1;* **me neither** ich auch nicht *U4, F2;* **me too** ich auch *U4, F2*
meal Essen, Mahlzeit *U5, F1*
(to) **mean** bedeuten *U3, F1*
meaning Bedeutung, Sinn *U7, M*
medicine Medizin *U11, F1*
meet: (to) **meet for dinner** sich zum Abendessen treffen *U12, F2;* (to) **meet sb** jdn treffen/kennen lernen *U1, F1*
meeting Treffen, Besprechung *U1, F1*
member Mitglied *U3, F4*
memo Notiz, Vermerk *U7, S*
midday Mittag, mittäglich *U5, M*
middle in der Mitte, mittlere *U5, F1*
midnight Mitternacht *U5, F3*
might könnte/st/n (vielleicht) *U11, F1*
mile Meile *U9, M*
milk Milch *U3, M*
million Million *U9, F1*
mine meine/r/s *U11, M*
mineral water Mineralwasser *U4, F1*
(to) **miss** verpassen *U1, S, U7, F4;* aussetzen *U4, F1;* **miss a turn** (eine Runde) aussetzen *U4, F1;* **missing** fehlend *U8, F1*
mistake: by mistake aus Versehen, irrtümlicherweise *U12, S*
mixture Mischung *U10, F1*
mobile phone *(BE)* Handy *U2, F2*
model Model *U2, M*
modern modern *U9, F1;* **modern dance** moderner Tanz *U6, M*
Monday Montag *U6, F1*
money Geld *U7, F4*
month Monat *U2, M*
moon Mond *U8, F1*
more weitere *U1, F2;* mehr *U3, F4*
morning Morgen, Vormittag *U3, F2*
mosquito bite Mückenstich *U11, M*
most die meisten *U5, F1;* **most of the time** die meiste Zeit *U10, M;* **(for) most of us** (für) die meisten von uns *U10, F1*
mother Mutter *U1, F1;* **mother tongue** Muttersprache *U2, M;* **mother-in-law** Schwiegermutter *U3, M*
motorbike Motorrad *U7, F1*
mountain (größerer) Berg *U8, F3*
mouse, mice Maus, Mäuse *U11, M*
(to) **move** umziehen *U7, S;* (to) **move out** ausziehen *U10, S*
movie *(AE)* Film *U5, F2*
much viel *U4, F2*
mum Mama *U1, F3*
musical musikalisch *U10, F2*
must müssen *U7, F2*
myself mich (selbst) *U3, M*

N, n

name Name *U1, F1;* **family name** Nachname *U2, M;* **first name** Vorname *U1, F1*
nap Schläfchen *U5, F3*
national park Nationalpark *U9, F1*
nationality Staatsangehörigkeit *U2, M*
natural natürlich *U7, F3*
navigation system Navigationssystem *U8, M*
near nahe, in der Nähe von *U4, F2*
nearly fast, beinahe *U10, M*
nearby in der Nähe *U9, F2*
(to) **need** brauchen *U7, S; U10, F3;* (to) **need to** müssen *U3, M*
negative verneinend, negativ *U2, F1*
neighbour Nachbar/in *U3, M*
neither ... nor ... weder ... noch ... *U10, F2*
nephew Neffe *U3, M*
never nie(mals) *U4, F2*
New Year's Eve Silvester *U8, M*
news Nachrichten *U7, F1;* **bad news** schlechte Nachrichten *U10, S*
next nächste/r/s *U3, S;* **next door** nebenan *U9, M;* **next to** (direkt) neben *U3, M*

nice nett, schön *U1, F1*
niece Nichte *U3, M*
night Nacht, Abend *U5, M;* **at night** nachts *U3, M*
no kein *U7, F4*
nobody niemand *U8, F1*
noisy laut, lärmend *U9, M*
normal normal *U5, F1*
normally normalerweise *U5, F4*
north Norden; Nord- *U9, F1;* **northern** Nord-, nördlich *U4, S*
nose Nase *U10, F1*
not nicht *U1, F1*
note Notiz *U9, S;* (to) **take notes** sich Notizen machen *U5, F1;* (to) **write notes** sich Notizen machen *U4, F2*
nothing nichts *U7, S*
now nun, jetzt *U1, S*
number (Telefon-)Nummer *U1, F3;* Nummer, Zahl *U2, F2;* **a number of** eine Reihe von *U9, S;* **wrong number** falsch verbunden *U1, F3*

O, o

occupation Beruf, Tätigkeit *U2, M*
o'clock: 7 o'clock 7 Uhr *U5, F2*
October Oktober *U8, F1*
odd one out nicht dazugehörig *U1, F2*
of course natürlich, selbstverständlich *U3, M*
offer Angebot *U6, M*
often oft, häufig *U1, F1*
old alt *U8, S; U9, F2*
on your own (ganz) allein *U9, F3*
once einmal, ein Mal *U7, F2*
only nur *U2, F4;* erst *U8, M*
open offen *U5, F4;* (to) **open** öffnen *U9, M*
opera Oper *U12, F2*
opposite gegenüber(liegend) *U3, F4*
or oder *U2, F2*
(to) **order** bestellen *U4, M*
(to) **(be) out of order** außer Betrieb (sein) *U7, F4*
organization Organisation *U9, S*
(to) **organize** organisieren *U4, S;* **organized** gut organisiert *U10, F2*
other andere/r/s *U1, F1*
the others die anderen *U3, F4*
our unser *U1, M; U3, F1*
out: out and about unterwegs *U11, F1;* **out of order** außer Betrieb *U7, F4;* **out there in the world** da draußen in der Welt *U10, F1*
over: over here hier drüben *U4, M;* **over the weekend** übers Wochenende *U12, F2;* **over there** da drüben *U8, F2*
owner Besitzer/in, Eigentümer/in *U1, F1*

P, p

p.m. *von Mittag bis Mitternacht U5, F2*
(to) **pack** packen *U11, F1*
package holiday Pauschalreise *U8, F3*
(to) **paint** malen, zeichnen *U6, M*
painting Malen *U6, M*
paper Zeitung *U6, F1;* Papier *U9, F2*
pardon? wie bitte? *U1, F3*
parents Eltern *U3, F4*
part of Teil von *U6, F2*
passport (Reise-)Pass *U2, F3*
past nach *U5, F2;* (to) **go past sth** an etwas vorbeigehen *U11, M*
(to) **pay** (be)zahlen *U4, F3*
payment Zahlung *U2, F3*
pen Füller, Kugelschreiber *U11, F1*
people Leute, Menschen *U3, F1*
per (day) pro (Tag) *U10, F3*
perfume Parfüm *U10, F1*
perhaps vielleicht, eventuell *U6, F1*
personal details persönliche Angaben *U2, M*
personality Persönlichkeit *U10, M*
petrol Benzin *U11, F2;* **petrol station** Tankstelle *U11, F2*
phase Phase, Abschnitt *U9, F3*
(to) **phone** telefonieren (mit), anrufen *U1, S*
phone: (to) **be on the phone** am Telefon sein *U3, F2;* gerade telefonieren *U7, F4;* **phone (number)** Telefon(nummer) *U2, F1;* **phone call** Anruf, Telefongespräch *U1, S*
photo Foto *U1, F1*
photography Fotografie *U6, M*
phrase (Rede-)Wendung *U1, M*
(to) **pick up** abholen *U10, M*
piece Stück *U7, F4;* **piece of paper** Zettel, Blatt Papier *U6, F2*
place Stelle, Platz, Ort *U8, F3*
plan Plan *U8, S*
(to) **plan** planen *U6, S*
plane Flugzeug *U4, F3*
plate Teller *U4, F1*
platform Gleis, Bahnsteig *U7, M*

(to) **play** spielen *U3, F4*
playground Spielplatz *U9, M*
please bitte *U2, F1*
pleased: (to) **be pleased** sich freuen *U7, F4*
point Punkt *U9, M*
police station Polizeiwache, -revier *U8, M*
politician Politiker/in *U2, M*
popular beliebt, populär *U9, M*
population Einwohner(zahl) *U9, F1*
positive bejahend, positiv *U2, F1*
possible möglich, denkbar *U12, F2*
post code Postleitzahl *U2, M*
pound sterling britisches Pfund *U11, F2*
practical praktisch *U5, F4;* **practical skills** praktische Fähigkeiten *U6, M*
practice session Übungsstunde *U2, S*
(to) **practise** üben *U2, F3;* proben *U6, F2*
prawn *(BE)* Krabben *U4, M;* **prawn cocktail** Krabbencocktail *U4, M*
(to) **prefer** bevorzugen *U4, F2*
(to) **prepare** (sich) vorbereiten *U11, F1*
present Geschenk *U2, F4*
price (Kauf-)Preis *U11, F2*
printout (Computer-)Ausdruck *U4, F2*
pub Kneipe, Lokal *U6, F2*
purple lila *U10, F1*

Q, q

quarter past Viertel nach *U5, F2*
quarter to Viertel vor *U5, F2*
question Frage *U2, F1*
queue (Warte-)Schlange *U10, F4*
quiet still, ruhig, leise *U10, F2*
quite ziemlich *U6, F2;* (to) **quite like sth** etwas ganz gern mögen *U4, F2*

R, r

railway Bahn, Eisenbahn *U7, M*
rain Regen *U8, F3*
(to) **rain** regnen *U8, M*
(to) **reach** erreichen *U9, F1*
(to) **read** lesen *U1, F1*
reader Leser/in *U5, S*
(to) **be ready to do sth** bereit sein, etwas zu tun *U4, M*
really wirklich, eigentlich, tatsächlich *U4, F2*
recording Aufnahme *U10, F1*
red rot *U7, F4;* **red wine** Rotwein *U4, F3*
registration form Anmeldeformular *U2, M*
relation Beziehung *U9, F3*
relative Verwandte/r *U8, F3*
(to) **relax** sich entspannen *U8, F3*
relaxation exercise Entspannungsübung *U7, F1*
relevant entsprechend *U12, F1*
(to) **remember** sich erinnern (an) *U4, F2*
(to) **repeat** wiederholen, nachsprechen *U2, F1*
(to) **reply** antworten *U10, F4*
(to) **report sth to sb** jdm etwas berichten *U5, F1*
response Antwort, Reaktion U8, F2
(to) **retire** in Rente/Pension gehen *U9, F3*
return Rückreise, -flug *U1, F1*
(to) **review sth** etwas nochmal durchdenken *U12, F3*
rice Reis *U4, M*
rich reich, wohlhabend *U9, F1*
rickshaw Rikscha *U7, M*
right richtig *U2, F1;* Okay, in Ordnung *U6, F2*
right: on the right auf der rechten Seite *U11, F4*
(to) **ring** anrufen; klingeln *U11, F3*
ritual Ritual *U6, F3*
river Fluss *U9, F1*
road (Land-)Straße *U11, F4*
room Zimmer *U3, M*
round-up Zusammenfassung *U10, S*
routine Routine, Tagesablauf *U5, F3*
row Reihe *U11, F2*
rule Vorschrift, Regel *U10, F4*
rumour Gerücht *U9, S*
(to) **run** rennen, laufen *U7, F4*

S, s

sad traurig *U10, F1*
(to) **sail** segeln *U6, M*
sailing Segeln *U6, M*
salad Salat *U4, M*
sales Vertrieb, Verkauf *U10, F3;* **sales manager** Verkaufsleiter/in *U4, S; U10, F3*
(the) same der/die/das gleiche, der-/die-/dasselbe *U3, F4;* **at the same time** gleichzeitig *U6, M;* **same to you** gleichfalls *U8, F2*
sandcastle Sandburg *U8, M*

Saturday Sonnabend, Samstag *U6, F1*
(to) **save** ersparen *U11, M*
(to) **say** sagen *U3, F1;* (to) **say hello to sb** jdn begrüßen *U1, F1;* (to) **say goodbye** sich verabschieden *U4, S*
schedule Zeitplan *U12, F2*
school Schule *U2, M*
schoolchild Schulkind *U5, F4*
schoolfriend Schulfreund/in *U9, F3*
scissors Schere *U9, F2*
scuba-diving Sporttauchen *U6, M*
sea Meer *U8, F3*
season Jahreszeit *U8, F1*
seat (Sitz-)Platz *U1, F1*
second: second class ticket Fahrkarte für die Zweite Klasse *U9, M;* **the second time** das zweite Mal *U3, F2*
secret Geheimnis *U6, M*
security code Sicherheitscode *U2, F3*
(to) **see** sehen *U2, F1;* **I see.** Ich verstehe. *U10, F3;* **see you** bis bald *U2, F3*
(to) **sell** verkaufen *U6, M*
(to) **send** senden, schicken *U2, F3*
sense Sinn *U10, M*
sentence Satz *U5, F2*
serious ernst(haft) *U10, F2*
(to) **serve as a soldier** als Soldat dienen *U9, F3*
service job Dienstleistungsberuf *U5, F4*
seven sieben *U2, F2*
seventy siebzig *U11, F2*
shape Form *U10, F4*
shoes: (a pair of) ein Paar Schuhe *U11, F1*
shoe shop Schuhgeschäft *U1, M*
(to) **shoot** schießen *U9, F3*
shop Laden, Geschäft *U2, F4*
shop assistant Verkäufer/in *U11, M*
short kurz *U4, F2*
shorts kurze Hose, Shorts *U1, F2*
(to) **show** zeigen, darstellen *U8, F1*
shower: (to) **have a shower** (sich) duschen *U5, M;* (to) **take a shower** (sich) duschen *U5, M*
(to) **shower** (sich) duschen *U5, M*
shrimp *(AE)* Krabbe *U4, M;* **shrimp cocktail** Krabbencocktail *U4, M*
sick *(AE)* krank *U8, F2*
side dish Beilage *U4, M*
side pocket Seitentasche *U11, M*
sights Sehenswürdigkeiten *U9, M;* (to) **go sightseeing** Sehenswürdigkeiten besuchen *U8, M*
signature Unterschrift *U2, M*
simple einfach *U11, M*
(to) **sing** singen *U3, F1*
singer Sänger/in *U2, M*
single room Einzelzimmer *U2, F3*
sister Schwester *U3, F4*
sister-in-law Schwägerin *U3, M*
(to) **sit** sitzen *U8, F3;* (to) **sit down** sich setzen *U7, S*
six sechs *U2, F2*
size Größe *U11, M*
(to) **sleep** schlafen *U5, F3*
slow langsam *U7, F4*
small klein *U7, M*
(to) **smell** duften, riechen *U10, F1*
(to) **smoke** rauchen *U6, M*
snow Schnee *U9, F1;* **snowstorm** Schneesturm *U9, F3*
so so (dass) *U3, F1*
soap opera Seifenoper, TV-Serie *U10, F2*
some *wird oft nicht übersetzt* einige, etwas *U2, F1;* **somebody else** jemand anders *U6, F2;* **somehow** irgendwie *U10, F1;* **someone** jemand *U4, F2;* **something** etwas *U3, M;* **sometimes** manchmal *U6, F1;* **somewhere** irgendwo(hin) *U7, F3*
son Sohn *U3, F4*
song Lied *U3, F1*
soon bald *U10, S;* **as soon as** sobald *U10, M*
sorry tut mir leid, Entschuldigung *U1, F3*
(to) **sort** sortieren *U7, F3*
sound Klang *U10, F1*
(to) **sound** klingen *U9, F2*
soup Suppe *U10, M*
south Süden; Süd- *U9, F1;* **south of …** südlich von … *U9, F1;* **southeast** Südosten; Süd-Ost- *U9, F1*
space Feld *U4, F1*
(to) **speak** sprechen *U2, F4;* (to) **speak to sb** mit jdm sprechen *U3, M;* **Speaking.** Am Apparat. *U12, F1*
special besondere/r/s *U8, F1;* **special offer** Sonderangebot *U11, F2*
(to) **spell** buchstabieren *U2, F3*
spelling Buchstabieren; Rechtschreibung *U2, F3*
spend: (to) **spend free time** Freizeit verbringen *U10, F2;* (to) **spend money** Geld ausgeben *U8, F3*
spirits Spirituosen *U4, F1*

spontaneous spontan *U11, F3*
spring Frühling *U8, F1;* Quelle *U9, F1*
square Feld *U4, F1*
stamp Briefmarke *U11, M*
(to) **stand** stehen *U12, S*
start Anfang, Start *U4, F1*
(to) **start** anfangen, beginnen *U5, F3*
starter Vorspeise *U4, M*
station Bahnhof *U7, F3*
stay Aufenthalt *U8, M*
(to) **stay** übernachten, wohnen *U6, M*
still (immer) noch *U3, S*
stolen gestohlen *U11, F3*
(to) **stop (sb)** (jdn) anhalten *U11, F4;* (to) **stop (at)** halten (an) *U7, F4*
store *(AE)* Geschäft, Warenhaus *U8, M*
story Geschichte *U1, S*
straight direkt *U5, F3;* **straight through** direkt durch *U4, S*
street Straße *U2, M; U4, F2*
stress Betonung *U8, F1*
student Schüler/in; Student/in *U1, F1*
stuff Zeugs, *umgangssprachlich U12, S*
such (a) so(lch) ein *U9, F3*
suddenly plötzlich *U7, F4*
suitcase Koffer *U4, S, U9, M*
summer Sommer *U5, F4*
sun Sonne *U8, F3*
(to) **sunbathe** sonnenbaden, in der Sonne liegen *U8, M*
Sunday Sonntag *U5, F4; U6, F1*
sunglasses (a pair of) Sonnenbrille *U11, F1*
sunny sonnig *U8, M*
sunscreen Sonnenschutzmittel *U11, F1*
supermarket Supermarkt *U8, M*
(to) **suppose** glauben, annehmen, vermuten *U6, F2*
sure sicher(lich), gerne *U2, F1;* (to) **be sure** sich sicher sein *U3, M*
(to) **surf the internet** im Internet surfen *U6, F1*
surname Nachname *U1, F1*
surprise Überraschung *U8, M;* **surprise visit** Überraschungsbesuch *U8, M*
survey Umfrage; Übersicht *U11, F2*
(to) **switch off** ausschalten *U5, M,* (to) **switch on** an-, einschalten *U5, M*
symphony orchestra Sinfonieorchester *U9, M*

T, t

table Tisch *U4, F3*
(to) **take** dauern *U5, F4;* nehmen *U11, M;* (to) **take a taxi** ein Taxi nehmen *U1, S;* (to) **take notes** sich Notizen machen *U5, F1;* (to) **take place** stattfinden *U8, F2;* (to) **take the ... street on the right/left** nehmen Sie die ... Straße rechts/links *U11, F4*
takeover Übernahme, Fusion *U9, S*
talk Gespräch, Unterhaltung *U6, S;* **talk show** *(AE)* Talkshow *U1, F2*
(to) **talk** sprechen, reden *U3, F4;* (to) **talk about sth** über etwas sprechen *U3, F4*
(to) **taste** schmecken *U10, F1*
tax Steuer *U12, F2;* **tax advisor** Steuerberater/in *U12, F2*
tea Tee *U2, F3;* **tea time** Teezeit *U6, F1*
(to) **teach** unterrichten, lehren *U5, F4*
teacher Lehrer/in *U1, F1*
teammate Teammitglied *U10, S*
teeth Zähne *U5, M*
telephone Telefon *U2, M;* **telephoning** Telefonieren *U10, F3*
(to) **tell sb sth** jdm etwas sagen/erzählen *U1, F1;* (to) **tell sb the time** jdm sagen, wie spät es ist *U5, F2*
temperature Temperatur *U9, F1*
tent Zelt *U8, M*
terminal Abfertigungsgebäude *U7, F4*
(to) **test** prüfen, testen *U2, F1*
text (message) SMS-(Nachricht) *U2, F3*
theatre Theater *U7, F3*
their ihr *U3, F3*
them *3. Person Plural* sie, ihnen *U3, M*
then dann *U1, F1*
there da, dort; dorthin *U2, F4;* **there are** es gibt *U9, F1;* **there is** es gibt *U4, F2*
these *Pl. von* this, diese *U2, F4*
they *3. Person Plural* sie *U1, F2*
thing Sache, Ding, Gegenstand *U3, M*
(to) **think** glauben, denken, meinen *U2, F1;* (to) **think of sth/sb** an etwas/jdn denken *U10, F1*
thirsty durstig *U3, F1*
this is das ist *U1, F1*
three drei *U1, F2*
through durch *U7, S, U9, M*
Thursday Donnerstag *U6, F1*
ticket (Fahr-)Karte, (Flug-)Ticket *U1, F1*
(to) **tie** binden *U11, M*
till bis *U5, F3*

time Zeit *U5, F2;* **one more time** noch einmal *U8, S;* **what time** wann, um wie viel Uhr *U5, F2;* **time of day** Tageszeit *U10, F1;* **from time to time** von Zeit zu Zeit *U5, F4;* **this time** diesmal *U10, M*
timeline Zeitachse *U9, F3*
times -mal; mal *U9, F1*
tired müde *U9, M*
title Titel *U2, M;* Überschrift *U12, M*
to nach, zu *U1, S*
today heute *U1, F1*
together zusammen *U2, S*
tomato Tomate *U4, F1*
tomorrow morgen *U7, S; U11, F3*
tongue Zunge *U10, F1*
tonight heute Abend/Nacht *U10, F1*
too auch *U1, F1;* zu *U5, S*
tool Werkzeug *U3, M*
topic Thema *U9, M;* **that sort of topic** solche/derlei Themen *U5, S*
(to) **toss a coin** eine Münze werfen *U4, F1*
tourist office Touristeninformation *U9, F2*
town Stadt *U2, M*
toy Spielzeug *U11, M*
traditional traditionell *U8, M*
traffic (Straßen-)Verkehr *U7, F4*
traffic lights Ampel *U7, F4*
train Zug *U7, F1*
travel Reisen *U1, F2;* **travel company** Reiseunternehmen *U10, F3;* **travel firm** Reiseunternehmen *U4, S*
(to) **travel** fahren, reisen *U7, F1*
treasure Schatz *U12, M;* **treasure hunt** Schatzsuche *U12, M*
trouble Ärger *U11, M*
true richtig, wahr *U6, F2*
(to) **try** probieren *U4, F2;* versuchen *U9, M;* (to) **try sth on** etwas anprobieren *U11, F2*
Tuesday Dienstag *U6, F1*
turn Runde *U4, F1;* (to) **have an extra turn** noch einmal dran sein *U4, F1*
(to) **turn left** nach links abbiegen *U11, F4;* (to) **turn right** nach rechts abbiegen *U11, F4*
turquoise türkis *U10, F1*
TV presenter Fernsehmoderator/in *U5, M;* **TV programme** Fernsehsendung *U6, F3*
twentysomething jd in den Zwanzigern *U9, M*
two zwei *U2, F2*
type of Art von *U12, F1*
typical typisch *U5, F1*

U, u

umbrella (Regen-)Schirm *U11, F1*
uncle Onkel *U3, M*
under unter *U10, S*
underground U-Bahn *U7, F1;* (to) **take the underground** die U-Bahn nehmen *U7, F3*
underscore Unterstrich *U2, F4*
(to) **understand** verstehen *U12, F3*
university Universität *U9, F2*
unlucky: (to) be unlucky Pech haben *U10, F2*
until bis *U6, F2*
unusual ungewöhnlich *U5, F4;* **unusually** ungewöhnlich *U10, S*
us uns *U10, F1*
(to) **use** benutzen *U6, F1*
usually normalerweise, gewöhnlich *U6, F1*

V, v

vacation *(AE)* Urlaub, Ferien *U11, M*
valuables Wertsachen *U11, F1*
value Wert *U11, M;* **good value** preisgünstig *U11, M*
vegetable lasagne Gemüse-Lasagne *U4, M*
vegetarian Vegetarier/in *U4, F2*
very sehr *U1, F1*
view Ausblick, -sicht *U10, F4*
village Dorf *U7, M*
visit Besuch *U8, M*
(to) **visit sb** jdn besuchen *U8, F3*
visitor Besucher/in, Gast *U9, M*
voice Stimme *U8, F2*

W, w

(to) **wait** warten *U10, F2*
waiter, waitress Kellner/in *U4, F3*
waiting room Warteraum *U7, M*
(to) **walk** (zu Fuß) gehen, spazieren gehen *U2, F4*
walk: (to) **go for walks** spazieren gehen, wandern *U8, M*
walking shoes Wanderschuhe *U8, M*
wall Wand, Mauer *U8, F1*
(to) **want** wollen *U2, F4*

war Krieg *U8, M;* **war veteran** Kriegsveteran *U8, M*
warm warm *U9, F1*
Watch out! Vorsicht! *U3, F2*
(to) **watch television** fernsehen *U3, M*
water Wasser *U3, F1;* **water sports** Wassersport *U6, M*
way Weg *U3, F2;* (to) **be on your way** unterwegs sein *U3, F2;* **by the way** übrigens, nebenbei *U1, M;* **two ways** zwei verschiedene Möglichkeiten *U5, F2*
we wir *U3, F2*
(to) **wear** *(Kleidung)* tragen *U11, M*
weather Wetter *U8, F3*
wedding Hochzeit *U3, F4*
Wednesday Mittwoch *U6, F1*
week Woche *U1, M*
weekday Wochentag, Werktag *U5, F1*
weekend Wochenende *U2, F3;* **at the weekend** am Wochenende *U2, F3*
weekly wöchentlich *U6, F2*
welcome (to) willkommen (bei) *U1, F1;* **you're welcome** bitte (schön) *U3, F1*
well nun, na ja *U3, F4; Adverb von* good *U5, F1;* (to) **get on well with sb** mit jdm gut auskommen *U3, S*
well-known sehr bekannt, berühmt *U9, F2*
west Westen; West- *U9, F1*
wet nass *U9, M*
what was *U1, F1;* **what about … ?** Was ist mit … ? *U4, F2;* **what sort of …** was für … *U4, F3*
when wenn; als; wann *U2, S; U3, F1*
where wo; woher *U1, F1*
which welche/r/s *U2, F3*
white weiß *U10, F1*
who wer *U3, F2*
whole ganz *U9, F2*
whose dessen, deren *U6, F2*
why warum *U5, F3*
wife Ehefrau *U3, F4*
wild animals Wildtiere *U9, F1*
wilderness Wildniss *U8, F3*
will werden *U8, M*
(to) **win** gewinnen *U8, F1*
window Fenster *U6, S;* **by the window** am Fenster *U6, S*
wine Wein *U2, F4;* **wine shop** Weinhandlung *U2, F4;* **wine tavern** Weinschänke *U9, F2*
winner Gewinner/in, Sieger/in *U4, F1*
(to) **wish** wünschen *U8, M*
with mit *U3, F4*
without ohne *U8, S*
woman, women Frau, Frauen *U7, F3*
wonderful wunderbar, -voll *U4, F2*
word Wort *U1, F2;* **word order** Wortstellung *U12, F3;* **word spider** Wortnetz *U4, M*
work Arbeit *U2, F3;* (to) **be at work** auf der Arbeit sein *U2, F3*
(to) **work for sb** für jdn arbeiten *U3, F4;* (to) **work out** (hart) trainieren *U6, F2*
worker Arbeiter/in *U5, F4*
working day Arbeitstag *U5, F3*
world Welt *U4, F1*
world-famous weltberühmt *U9, F1*
(to) **worry** sich Sorgen machen *U3, F1;* (to) **(be) worried** besorgt/beunruhigt (sein) *U9, S*
worse *Komparativ von* bad schlechter *U9, F1;* schlimmer *U9, M;* **worst** schlechteste *U9, F1*
would würde/st/n *U4, F3;* **wouldn't** *verneinte Form von* would *U11, F1*
(to) **write** schreiben *U1, F2*
writer Schriftsteller/in *U2, M*
wrong falsch *U1, F3;* **wrong number** falsch verbunden *U1, F3*

Y, y, Z, z

year Jahr *U2, M*
yellow gelb *U10, F1*
yes ja *U2, F1*
yesterday gestern *U7, F1*
you Sie, dich, euch *U1, F1*
young jung *U7, M*
your dein/e, Ihr/e, euer/e *U1, F1*
yourself dich (selbst) *U11, M*
zero Null *U8, F2*